# 民族與文化

錢穆作品精華

錢穆

東大圖書公司

# 錢穆作品精萃序

錢穆先生身處中國近代的動盪時局，於西風東漸之際，毅然承擔起宣揚中華文化的重任，冀望喚醒民族之靈魂。他以史為軸，廣涉群經子學，開闢以史入經的嶄新思路，其學術成就直接反映了中國近代學術史之變遷，展現出中華傳統文化的輝煌與不朽，並撐起了中華學術與思想文化的一方天地，成就斐然。

三民書局與先生以書結緣，不遺餘力地保存先生珍貴的學術思想，希冀能為傳揚先生著作，以及承續傳統文化略盡綿薄。

自一九六九年十一月迄於一九九一年十二月，二十多年間，三民書局總共出版了錢穆先生長達六十餘年（一九二三～一九八九）之經典著作——三十九種四十冊。茲序列書目及本局初版日期如下：

中國文化叢談……（一九六九年十一月）
中國史學名著……（一九七三年二月）

中國學術思想史論叢(八)……（一九八〇年三月）
湖上閒思錄……（一九八〇年九月）
人生十論……（一九八二年七月）
古史地理論叢……（一九八二年七月）
八十憶雙親・師友雜憶（合刊）……（一九八三年一月）
宋代理學三書隨劄……（一九八三年十月）
中國文學論叢……（一九八三年十月）
現代中國學術論衡……（一九八四年十二月）
秦漢史……（一九八五年一月）
中華文化十二講……（一九八五年十一月）
莊子纂箋……（一九八五年十一月）
朱子學提綱……（一九八六年一月）
先秦諸子繫年……（一九八六年二月）
孔子傳……（一九八七年七月）
晚學盲言（上）（下）……（一九八七年八月）

中國歷史研究法……（一九八八年一月）
論語新解……（一九八八年四月）
中國史學發微……（一九八九年三月）
新亞遺鐸……（一九八九年九月）
民族與文化……（一九八九年十二月）
中國思想通俗講話……（一九九〇年一月）
莊老通辨……（一九九一年十二月）

二〇二二年，三民書局將先生上述作品全數改版完成，搭配極具整體感，質樸素雅、簡潔大方的書封設計，期能以全新面貌，帶領讀者認識國學大家的學術風範、思想精髓。

謹以此篇略記出版錢穆先生作品緣由與梗概，是為序。

三民書局
東大圖書 謹識

# 增訂版序

余嘗言，「人生」與「民族」與「文化」實三而一，一而三。現象雖可三分，但屬同一本體。中國人謂：「一陰一陽之謂道。」陰面不可指，不可見，即其體。陽面乃可指可見，斯其用。故言「陰陽」，猶言「體用」。先秦道家則謂之「有無」。凡屬用處可見處，即道家之所謂「有」。凡屬其體不可見處，則道家謂之「無」。其實無處即指其同處，而有處則乃其異處。故曰：「同謂之玄，玄之又玄，眾妙之門。」妙乃有之始，即其異處。其本則出於同，亦即出於無。故曰：「玄之又玄，眾妙之門。」

子貢言：「夫子之文章，可得而聞也。夫子之言性與天道，不可得而聞也。」文章即其異處可見處，故可得而聞。性與天道則在同處，即無處，不可見處，故為孔子日常所少言。

如是以言體用，先秦道家喜言體，每輕視其用。儒家則好言用，每少言體。如言性，即近於體，故孔子少言之。只曰：「性相近，習相遠。」習易見易言，即可謂性體之用。孔子曰：「十室之邑，必有忠信如丘者焉，不如丘之好學也。」忠信即言體，學與習則性之用。《論語》二十篇，開首第一語即曰：「學而時習之。」此學習二字，乃用非體，可見又可指。顏子曰：「夫子步亦步，夫子趨亦趨。如有所立卓爾，雖欲從之，末由也已。」亦步亦趨，即其學與習，亦即用。如有所立卓爾，立者其體，道家所謂玄之又玄之同處，實即無處，故曰：「道可道，非常道。名可名，非常名。」孟子稱孔子謂「聖之時」，但不言聖之常。因「時」有異可見，常則大同無可見。此異乃道家所愛言，而孔子則多避去而少言。

《易傳》後起，乃和會儒道兩家以為言。故其言「太極」實即「無極」。極乃言其同一極端，亦猶言無。故後人又言無極而太極。言太極即猶言大同，亦猶言無極，此即所謂「玄之又玄，眾妙之門」也。

顏子曰：「夫子博我以文，約我以禮。」文即文章，即人生用處，禮則其體。博處即其異處，而約處則其同處。人生同處在禮，斯則可視而見，指而知，猶今之言具體。孟子始言性，性實一抽象，非具體。後儒如南宋朱子，乃謂「孟子粗，顏子細」，即指此等處言。然則孟子言性善，已近道家落虛處。荀子乃繼之言性惡。然後儒乃謂「孟子醇乎醇，荀子大醇而小疵」。其小疵，即指其言性惡。荀子著書最首第一篇為〈勸學〉，此則其大醇處。《論語》二十篇，開首即曰：「學而時習之。」又孔子曰：「十室之邑，必有忠信如丘者焉，不如丘之好學也。」則此一「學」字，乃孔門教人醇處。孔子自稱：「若聖與仁，則吾豈敢。吾學不厭而教不倦。」故荀子即在其大醇處勸學。孟子雖好言性，但亦不忘言學，故曰：「乃吾所願，則學孔子。」而後起宋明儒如陸、王，則好言性，而忽於言學，流於不慎，斯失孔門之真傳矣。

今再言「體用」，此二字連言，乃始見於東漢時魏伯陽之〈參同契〉。亦可謂以前儒道兩家少言體，僅言用字。故孔子曰：「如有用我者」，又曰：「道之不行」。行與用，皆具體可指。顏淵則曰：「如有所立卓爾，雖欲從之，末由也已。」所立卓爾，此即後人所言之體字，而其字不出顏子之口。孔子亦僅曰：「民無得而稱焉」，或曰：「民無得而名」，皆不用此一體字。孔子七十始曰：「從心所欲不踰矩」，矩即猶言心之體。但言矩而不言規，不如莊子乃言圓，而曰「執其中」。矩之四方，皆可援可指。圓之中心則虛無其位，不如矩之有隅可據。〈易傳〉後起於道家，乃兼采道家之言以為言，故曰：「太極本無極也。」故具體與抽象，乃儒道兩家立言宗旨大異處，斯則可辨而知者。

西方希臘哲學家言真理，則不僅無矩可守，亦且無規可尋，乃可人各一真理，故曰：「我愛吾師，我尤愛真理。」師則具體，而真理則僅抽象。離其具體而僅言其抽象，則惟西方之個人主義乃可有之。

西方宗教言天堂，言上帝，此又太具體，不抽象，故惟有信仰，乃不得有各己思辨與議論之餘地。如言科學，則既不抽象，亦不具體，乃只於具體中求新求變，更無一故舊之可尊。

今言中西文化之相異，則西方如宗教言天堂與上帝，似皆具體外在切實有據，但只可信，而不貴有證。如科學，則可用可行，而不貴有本。要之，此兩者非生命性的，而其真實生命則為個人主義，太短暫太狹小，不可大又不可久。中國人言性，則求其真實人生之可大而可久，而決不於生命外他求。此則中西文化之相異，亦即中西人生之相異，同時乃見其民族文化之相異。今國人惟求一變故己之常，惟西方是慕是求。此依中國古人言，乃有己而無天，有人而無己。而其心中之人，乃專指西方人。實只知有物，而不知有人。或可稱之謂只知有人，不知有己。與中國民族性相距實大而遠，不知究將何以為學？恐非再有聖人起，亦無可指導吾人以可循之規之矩矣。其然豈其然乎？吾誠不禁其慨乎以思之，慨乎以言之矣。

民國七十六年一月，欲再版重排此集，曾細讀一過，心有所感，略有增修，而作此文。後因故未及付排。今年重印此集，再讀此文，因取其為增訂版序。

中華民國七十八年九月錢穆識於臺北士林外雙溪之素書樓，時年九十有五

# 自序

去年冬，國防研究院約我講「民族與文化」這一課程。我雖自審不勝任，終於勉強答應了。今年三四月間，國防研究院開來該課程之綱要，要我限時先寫一講義。我正在百忙中，不能竟體寫下，只得分章分行寫，寫了幾章幾行，可以隨時停下，捉些閒暇，可以隨時再往下寫。講義寫完，但我的授課時間展後了，直到九月間，始匆匆趕去上堂。一連三天十堂課，我事先和臨時，又都沒有好好準備，又因已寫了一篇講義，上堂時，想不要依著講義逐章逐行講去，便隨口隨心，只照講義上所提要點另作生發。講完後，又承國防研究院把我十堂所講紀錄下來寄我看。但隔離我上堂時間又已兩個月，我當時所講，追憶不真，只能就紀錄稿隨文修正，刪去一些太蕪蔓處，便成此篇講演辭。我既慚對此課程不勝任，又恨不能作好準備，希望讀者能把我講義和此講演辭一併看，庶乎我心下所想要講的，比較能更顯露些。至於其間疏陋失當處，則更盼望讀者能賜我以指正。

中華民國四十八年十一月二十六日錢穆謹識於九龍鑽石山寓盧

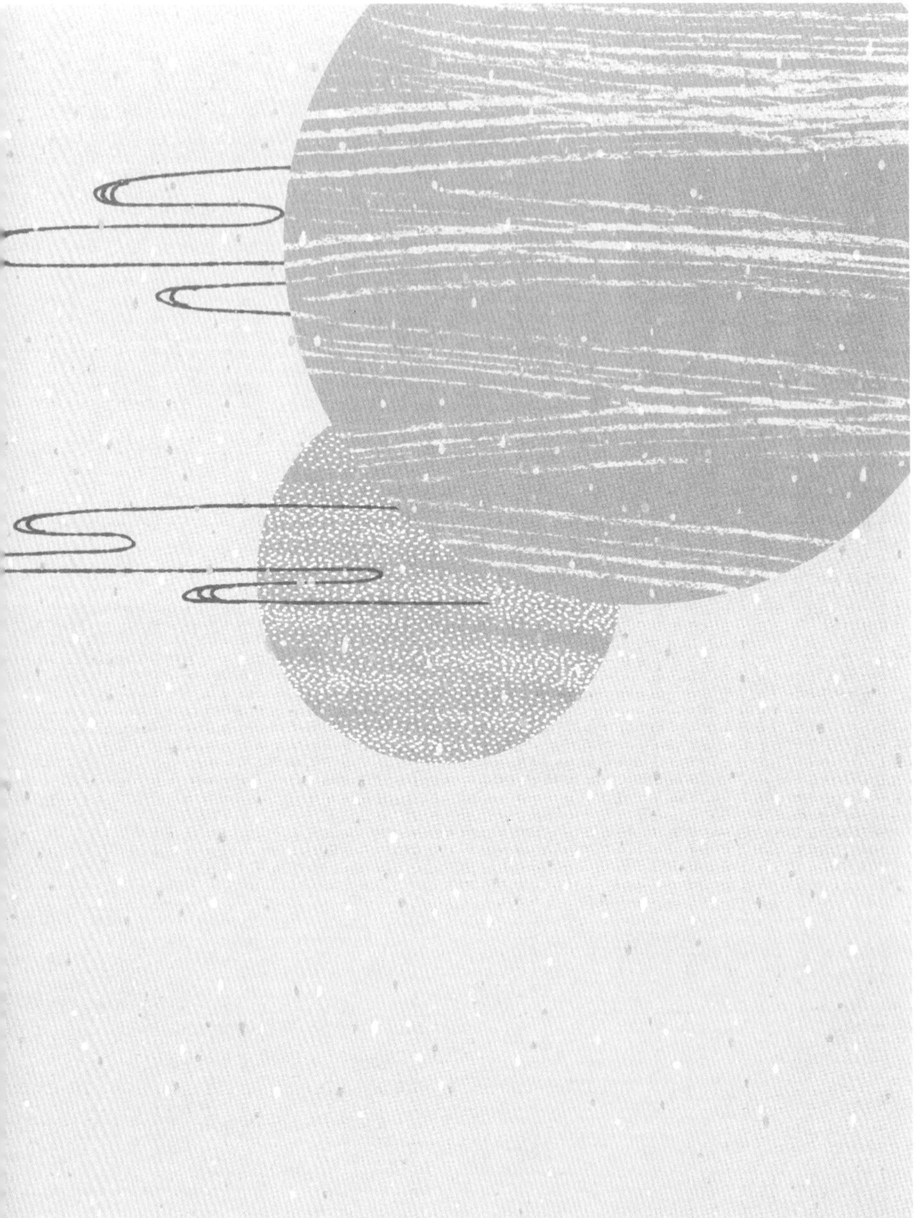

# 講義

# 上篇　中華民族之成長與發展

## 第一章　中華民族之本質

文化只是人類集體生活之總稱，文化必有一主體，此主體即民族。民族創造了文化，但民族亦由文化而融成。

世界上曾有許多優秀民族，創造出許多各自相異的文化。但此等民族，有的忽然中途夭折，他們所創造的文化，僅供歷史上繼起民族之追慕效法，襲取利用。遠者如巴比倫、埃及，近者如希臘、羅馬，皆是。這因他們僅完成了第一步驟，即由民族來創造文化，而沒有完成到第二步驟，即由文化來融凝民族。

世界上亦有某等民族，他們不僅能創造出一套優秀的文化，而他們所創造的那一套文化，又能回頭來融凝此民族，使此民族逐步綿延擴展，日久日大，以立於不敗之地，這便是我中華民族之特質，亦即是我中華文化之特徵。

## 一、中國古代之氏姓分別

在中國古史上，並無民族之稱，亦少民族相互間鬥爭之記載。「民族」一語，乃是近代譯自西方。此徵中國古人本無鮮明的民族觀。

在中國古史上，只記有「氏」「姓」之別。氏主男性，指地緣言，或指職業言。姓主女性，指血統言。

中國古人，在適合產生文化之自然條件下，而產生了一套優秀而偉大的文化。

中國民族，最主要的似乎是分布在北方黃土層的廣大地區上，穴居而山耕。

穴居只是山居，擇取山巖原阜，陵阪高處，鑿穴而居。此等居處名為氏，住居此等處者亦稱氏，如有虞氏有夏氏皆是。

但中國古人，又有同姓不婚之戒。由於各氏族之異姓相婚，而逐漸把各地居民聯繫融合，成為一大民族。

《中庸》曰：「君子之道，造端乎夫婦。」中國傳統文化精神，亦猶後來之所謂君子之道，同亦造端於夫婦。中國古代民族本以血統為主要分別，亦即以血統為其主要之結合，而中華民族之主要成分，則生活文化之重要性又在其血統分別之上。

## 二、中國古代之華夏與四裔

中國自玄古下到春秋，其時似乎確然已有一種鮮明的民族觀念存在。因此當時人，遂有華夏與蠻夷戎狄的分別。

華夏則稱為中國，蠻夷戎狄則稱為四裔。小而言之，如一城郭稱為國，城郭之四圍則稱為野。大而言之，自中央天子乃及其四圍之封建諸侯，皆為中國。其外面則為四裔，即蠻夷戎狄。

但此等分別，實不從血統分，而只從文化分別來。文化深演，則目為諸華與諸夏，即所謂之中國人。文化淺演，則稱為蠻夷與戎狄，即所謂之四裔。

如晉獻公娶大戎狐姬，小戎子，又娶驪戎女驪姬，可證戎有姬姓，有子姓，乃與商周同其血統。時人謂同姓相婚，其生不蕃。但晉文公母，乃大戎狐姬，而晉文公得臻高壽，時人認其為異徵。又有姜戎氏，自稱四岳之後。又有廬戎，《國語》富辰曰，「廬有荊媯」，媯乃有虞氏之姓。可見當時中國人分別蠻夷戎狄，並非指其血統之相異，乃指其文化之差別。故直至唐代韓愈，尚謂「諸夏而夷狄則夷狄之，夷狄而諸夏則諸夏之」。可徵中國與夷狄之分別，乃在文化上，不在血統上。具此文化則為諸夏中國，缺此文化則為四裔夷狄。

孔子作《春秋》，後世稱為是一部尊王攘夷之書。但《論語》孔子曰：「微管仲，吾其被髮左衽矣。」被髮左衽，亦指文化生活，不指種姓血統。故《論語》稱：「子欲居九夷，或曰，陋，如之何？子曰：君子居之，何陋之有？」此謂文化人移居到任何一處去，其文化亦隨之而俱去。又子曰：「夷狄之有君，不如諸夏之亡也。」此條或釋作中國禮義盛而夷狄無之，故夷狄雖有君長，不如諸夏之偶無。或釋作夷狄且有君，不如諸夏僭亂，反無上下之分。此兩釋適相反，但其意側重在衡量文化全體之高下則一。政治上之君臣分別，則只是文化之一端，並不即是文化之全體。即如孔子之去魯適衛，在外周遊，即是其重視文化全體尤過於其重視君臣一端之一明證。可證中國人一向對於民族觀念實不如其對於文化觀念之重視。

## 三、文化觀與民族觀

今人用「文化」二字，亦由西方語轉譯而來。但《易經》云：「觀於人文以化成天下」，是中國古人，原自有其一套人文和文化之觀念和理想。

何謂人文？物相雜謂之文，人文即指人群相處種種複雜的形相。物又指種類言，可見大而至於血統不同，種姓各異之民族並存，亦已包括在中國古人此一人文觀念之內。

惟其人群乃由不同種類相雜而成，於是乃求相和相通，乃有所謂化。如男女亦即是異物，男女相和相通，結合為夫婦，即化成了家庭。循此而往，群體日擴，人文日進，全人類相融，即化成為天下。故中國人之天下觀念，乃由其家與國之觀念融和會通而成。《大學》八條目，修身、齊家、治國、平天下即本於格物、致知、誠意、正心，大意即如是。

因此，中國人之人文觀，乃由人之一觀念，直演進到天下之一觀念，而一以貫之。

在此一連串的擴大演進中，有國家，有民族。在中國人觀念中，此等亦僅是人文演進中應有之一步驟，一形相，而非其終極。

因此，中國古人，不僅無鮮明的民族觀，抑且無堅強的國家觀。

當知民族觀與國家觀，固亦各有其隨時隨地之作用，但若民族觀太鮮明，國家觀太堅強，亦可阻礙人文演進更高更遠的理想。

中國古人，自始即不以民族界線國家疆域為人文演進之終極理想，其終極理想所在，即為一「道」字。《大學》三綱領曰：「在明明德，在新民，在止於至善」，亦即此一「道」字。此乃中國文化傳統精神所特有的偉大處。

## 四、文化建立與民族融凝

上面說過，民族創造出文化，文化又融凝此民族。中國古人，正為能創造出一套如上述的文化傳統者，因此此下的中華民族，遂能更融凝，更擴大，成為一更新更大的民族。此一經過，最顯著，在春秋戰國時代。下逮秦漢一統，一個既理想又偉大的民族國家，遂在世界人類的歷史上開始完成。

所謂民族國家，應該在一民族之上只有一政府，在一政府之下只有一民族。此是人類文化奇蹟，但中國人習以為常，卻不覺其為奇。

或認為秦漢統一，乃武力所致。不知武力但能創造一帝國，如歐洲之羅馬。決不能完成一民族國家，如中國。

中國之完成為一中國，當遠自春秋戰國時代開始。當春秋時，楚為南蠻，秦為西戎。而且當時建國，有綿歷八百年以上者，如宋、如衛、如燕、如楚，皆是。最短亦且三百年，如趙、如韓、如魏，皆是。如齊，雖政府更迭，而國家命運已過八百年。戰國時代之田齊，命運亦有三百年。試問單憑武力，如何能統一得？

在秦漢統一時代，政府所轄，已到處是中國社會和中國人。此即所謂民族融凝，正是文化陶鑄之功，也即所謂化成天下。《中庸》言，「今天下：車同軌，書同文，行同倫。」《中庸》成書在秦代，此即其證。

## 五、天下一家與中國一人之大同太平理想之追求

戰國時代人，常稱「大同太平」，又說「天下一家」、「中國一人」，可見當時人已抱有此等觀念與理想。

《中庸》云：「舟車所至，人力所通，天之所覆，地之所載，日月所照，霜露所隊，凡有血氣者，莫不尊親。」此一凡有血氣莫不尊親之人，中國人稱之曰聖人，即古代所稱之最高政治領袖，曰皇與帝。秦政統一天下，自稱始皇帝，即承此來。實則中國古人理想，聖人乃得為皇帝，即是代表此一文化之傳統精神者。

此為中國古人對其當時自己文化傳統所具有之一種力量，所已表現之一種成績之歌頌與信念。何以能具此力量，表現此成績？曰：「中國文化傳統精神重在道。」此道乃一種人與人相處之道，簡稱曰「人之道」，或「人道」。自孔子始，乃特稱之曰「仁」。仁道本出於人心，此心又稱曰仁心。能本此仁心，行此仁道者曰仁人。若使仁心大明，仁道大行，便達上述大同太平，天下一家，中國一人之境界。即是《大學》天下平之境界。

但中國古人雖抱此理想，具此信念，實未能完全達成此境界。中國自秦漢以下，歷史演進，或明或昧，或順或逆，要之，大體上乃向此目標而趨赴。

我們當先認識此大趨赴，乃能認識中國歷史，乃能認識中國社會，與中國民族之文化精神。此即中國人所謂之大道。

# 第二章 中國社會之結構

任何文化體系之具體表現，主要必表現在其歷史和社會。但中國很早便有「歷史」一名詞，而並無「社會」一名詞。社會一名詞，乃近代自西方傳譯而來。其實上文所述之家國天下，已包括盡了社會一詞之涵義。

因此，要認識某一民族的文化，必先認識其歷史和社會。但當從其大全整體而認識之，不該僅從其局部與支節處求認識。

今論中國文化，主要亦該著眼於其社會與歷史。該著眼在各時期的社會演變來認識中國史，該著眼在各時期的歷史演變來認識中國社會。

明瞭得中國史和中國社會，自能明瞭中國文化。

## 一、人文精神的社會理想

中國社會有其理想的開展途徑。

中國人向不以個人觀念與社會觀念相對立。亦可謂中國人自始本無鮮明分別的個人與社會兩觀念。此兩名詞，亦同由西方譯來。

中國人很早便確立了一個「人」的觀念。由人的觀念中分出「己」與「群」。但己與群都包涵融化在人的觀念中。因己與群同屬人。如何能融凝一切小己而完成一大群，則全賴所謂人道，即人相處之道。

人與人該如何相處，此即中國社會最大理想之所寄。

中國人由修身齊家而治國平天下，只是吾道一以貫之。

家與國與天下，範圍有大小，但同樣是一群，同樣只是人相處。各個小己則決然不能離群而獨立。故《論語》孔子曰：「我非斯人之徒與而誰與。」

人或可以無家，亦或可以無國，但總不能無天下。西方人只有家與國兩觀念，並無天下一觀念。此乃中西文化一大相異處。

換言之，人總還是人，總得在人群中成為人。

而此群，也仍還是人，總得由人而成群。但西方之群則以國為限，而中國則以天下為限。故照中國觀念言，在人的觀念下，個人與社會無可分別而對立。

在中國人的人文觀念中，從夫婦起，從朋友起，都有一個人與人相處之道。此一個人與人相處之道，可以推擴到全人類，可以推擴到天下萬世。

因此，中國人的最高理想，只是行道於天下。

中國人的社會觀念，乃以天下為終極，即是以全人類為最高量，而此道之所寄託表現而發揮充實光大之者，則在各自之小己，即是仍在人身上。

此乃中國傳統文化中之人文精神。

## 二、四民社會之形成及其意義

《論語》孔子曰：「人能宏道，非道宏人。」道只寄託在人身上，只由人而發揮，由人而充實光大。離了人，便無道。而在人群中，凡能志道、明道、行道、善道者，中國人則謂之「士」。

中國人本此理想而有「四民」社會之建立。士、農、工、商謂之四民，士為四民之首。因惟士能代表此理想，而率先之，宏揚之，又固守而勿失之。此士之一流品，惟中國社會獨有之，其他民族，其他社會，皆不見有所謂士。

士流品之興起，當始於孔子儒家，而大盛於戰國，諸子百家皆士也。漢以後，遂有士人政府之建立，以直迄於近代。

士負擔著中國教育與政治之雙重責任。

士乃社會公職，便不該再營家庭私業。故士之一流品，常保留其有與工商業間某種程度之隔離。

士論賢知，不論門第。故士之一流品，常來自農村，而亦常保留在農村中。故士之一流品，與農為近，與工商則較遠。亦可謂與農工近，而與商則遠。魏晉以下迄於唐中葉之士族門第，此乃中國歷史演進過程中一紆回，非正道。

此時期亦可稱為乃中國之「門第社會」。然仍是一種四民社會，因門第必限於士族。若細分之，當稱戰國時為「游士社會」，兩漢為「郎吏社會」，魏晉以下迄於唐為「門第社會」，宋以下為「科舉社會」，而其為四民社會則一。

士當志於道，當守死善道。中國社會以士為領導層，可謂乃是代替了其他民族其他社會關於宗教之職務。

獨在魏晉乃至隋唐門第時代，佛教傳入，而且大盛於中國，正為當時中國社會士的領導失其職。故宗教遂與之為代興。

就中國傳統思想言，士應該能負擔道，代表道，即是負擔代表此傳統文化理想與傳統文化精神者。因此由士來主持教育與政治，即是政教一致。由教育階層來領導著政治，再由政治階層來領導著社會，如此則社會全體將永遠向此文化理想與文化精神之大目標大路程而前進，此乃中國成立四民社會意義之所在。

## 三、中國社會中之個人地位與家庭地位及政治問題與經濟問題

中國社會建基於人道，因此每一人均有其極端重要之意義與職任。而人與人相處，每一人均為一主體，均是一主動者。故每一人均為此社會之中心。

家庭在中國社會中，亦負有極端重要之意義與職任。因人與人相處，造端在家庭。若夫婦不能相處，父母子女不能相處，兄弟姊妹不能相處，最親切最日常相見者不能相處，則理想的人與人相處之道便無可建立。

中國人理想，乃推擴修身齊家來求治國平天下，即是以孝弟之道來直達於平天下。因平天下仍只是人與人相處得其道，此與孝弟處家並無二致。故《孝經》開宗明義即曰：「先王有至德要道以順天下」，此至德要道即是「孝」。

每一人呱呱墮地，來入此世，最先遇到者，即為其父母。故教孝即是教其做人，即是教之以

人與人相處之道。人人能與人相處得其道，而國自治，天下自平，此為中國人理想。《論語》孔子曰：「足食足兵民信之矣。」必不得已，「去兵，去食。自古皆有死，民無信不立。」此信乃人己之互信。人己之群，則本於天，故人之互信，每由信天來。中國人乃以仁、義、禮、智、信為五常。西方個人主義，人不互信，乃信天堂有上帝，但凱撒事仍由凱撒管，於是乃有世界末日。此亦中西雙方社會一大相異處。

在此五常之大道中，政治事業實屬次要。政治事業仍不過是人與人相處，故從政不當忽忘了人道，不當忽忘了教育。中國人政治理論主張「德化」，其義便在此。

在此項理想中，則經濟問題自當更落次要。

凡屬經濟營謀，易陷人心於自私自利。經濟營謀，自為人生過程中所不可免。但中國人理想，則主張勿以私人經濟營謀來損害了人與人相處之道。因此，在指導人一切經濟營謀中，仍要不忘了人道的教育意義。故曰：「信義通商。」

若脫離了人生大道來幹政治，則一切政治活動易陷於爭權與爭位。若脫離了人生大道來幹經濟，則一切經濟活動易陷於謀富與謀利。

中國人理想，不認僅求富強即為人生之大道，因僅憑富強並不足以治國平天下。

若每一社會僅知求富強，則社會內外均易生隔離，起衝突，距治平之道將益遠。

中國人理想，又看不起僅憑法律來治國，更反對僅憑武力來爭取天下。中國人理想，只求社會之安和。不論在社會之內或外，惟安與和可久可大，始能為治國平天下鋪路。

其責任則在每一人身上，其教練場所，則在每一人之家庭。

# 第三章　中華民族發展之經過及其前途

中華民族有兩大特性，一是其堅韌性，雖經千錘百鍊，終是團結一致，有不可擊破之耐受力。一是其容和性，隨時添進異民族異分子，均能容納調和，有不可計量之化合力。

一部中華民族之發展史，較之世界任何民族，已往經過，獨見其為綿歷久，展擴大，舉世無與倫匹。此即中華文化最有價值之具體客觀的憑證。

## 一、秦以後中華民族之逐步擴展與逐步融凝

秦漢版圖，大體已奠定了此後中國之疆境。但疆境所至，只代表了政府之權力，惟有在其疆境以內之人群，始是代表民族與文化。

秦漢版圖以內之人群，顯然已是彼我一致的中國社會。故秦漢版圖，乃是以其文化為疆境。世人每以中國先秦與西方希臘相擬。然希臘人麕聚在小地面上，始終未能凝結完成為一國，先秦戰國終於摶成秦漢之統一，此其異。

世人又每以漢代與西方羅馬相擬。然羅馬僅憑武力征服了其四圍之異民族，乃西方一帝國。故在羅馬政權之下，社會異樣多采，始終未能融化合一。漢代政權則由中國人建立，以統治此同文同化之中國人，非如西方之帝國。故羅馬覆亡以後，即不再有羅馬，漢室消滅，卻依然有中國，此其異。

兩漢地方行政單位稱「縣」，縣中雜有蠻夷者稱「道」。可見當時在中國內地，仍有近世所謂少數民族之存在。

直迄近世，明清兩代，在西南各行省，猶有「改土歸流」之設施。可見此項少數民族，在中國一統政權疆境之內，始終不絕其存在。然其逐步融化歸一之趨勢，則雖緩而有常。

兩漢時代，中國又不絕招致塞外異族內遷。及漢室衰亡，中國政權失統，遂有西晉末年之五胡亂華，而循致南北朝分裂，北朝政權乃屬胡人。

隋唐時代，依然不斷有胡人歸化。唐末藩鎮興禍，多半盡是蕃將與蕃兵。

梁、唐、晉、漢、周五代，唐、晉、漢三代皆由蕃將統治。宋代先有遼、夏，後有金，分割區宇，另建政府，相與為敵國。元代異族入主，乃以胡人而統治全中國。明室光復，但清代又是異族入主，又是以胡人而統治全中國。就中國全史過程言，似乎不斷有異族政權在中國疆境內出現。但此等僅是上層政治波動，若論其底層之社會傳統，則終始如一，不搖不變。而且此等異族，不久即為中國社會所同化，全消失於全部中華民族史之擴展過程中而不見其踪影。

因中國於國之上尚有一天下觀，清初明末遺民顧亭林有言：「國家興亡，肉食者謀之。天下興亡，匹夫有責。」即如唐玄奘之西行求法，亦其義。

## 二、異族內徙與海外拓殖

中國歷史上之異族內徙，大要不外兩途。一是歸化投降，由中國政府招之來內地。又一是在塞外憑其武力，侵略入主。

中國歷史上之海外拓殖，亦有兩個形態。一是中國內部動亂，奔亡向外。又一是中國治平隆盛，一部分社會賸餘勢力，向外和平移殖。

外國人來中國，每易為中國社會所同化。但中國人去國外，往往祖世相傳，仍保留其為中國人，且又逐漸將中國社會移殖去。

即就明清兩代中國人之移殖南洋各埠言，中國人航海西行，尚在歐洲人航海東來之前。近代歐洲人海外殖民，憑仗於有組織。商人之背後有公司，教士之背後有教會。抑且無論傳教與經商，其背後均有政府武力作後盾。

但中國人之海外拓殖卻不然，幾乎盡是隻身前往，其本身亦僅是逃避饑寒，止在謀低微之生機。

及其在國外立定腳，生下根，繼而挈帶妻孥，攜引鄉井，亦全是些私關係。日子久了，宗親會同鄉會相繼而起，在海外異域，出現了中國社會。

但此等中國社會，在國外，亦僅是求和求安，並不從事於經濟侵略與武力征服。對其寄居地，可說有貢獻，無損害。

此等中國社會之海外移殖，正可說明上述中國文化之傳統精神，乃是由個人而直達天下，憑於中國人理想中一種人與人相處之道而和平展進者。

孔子曰：「言忠信，行篤敬，雖蠻貊之邦行矣。」中國人去國外，亦是僅憑各個人之勤懇忠誠，而獲得主客相安，僑土和處。並不曾藉武力財力甚至智力而打入，而霸占，而主客易位，而擾亂乃至消滅了各該地原有之土著。

中國人移居國外，只如在國內移居般。中國人常覺是天下一家，卻並不曾在其心中先存一民族觀，國家觀，而自為封閉，自造壁壘。

如此，中國人之海外拓殖，也並不如近代西方之帝國殖民。

但中國人心中，實存有一種文化自尊感。此種文化自尊感，並非即是鄙視乃至敵視異文化。中國人只覺因於謀求生活而寄居客地，卻把自己宗本忘了，內真掩了，忽然改變族姓，轉移國籍，在一般中國人心中覺難受，似乎若有一種無可言說之內心恥辱感。這正因中國人內心，一向是人道觀與文化觀超勝了其民族觀與國家觀。而現在世界潮流，則正是民族觀與國家觀超勝了其人道觀與文化觀。中國人自己本沒有一條狹窄不可踰越的民族界線與國家界線橫梗心中，而四圍形勢，卻偏在民族與國家觀點上來衡量一切，於是國籍問題遂成為目前南洋華僑一個蒙受恥辱，遭遇壓迫的大問題。

## 三、民族觀與文化觀之衝突與調整

文化由民族所創造，民族亦由文化而融凝。此如非孔子不能成此道，非此道亦不能成就得孔子。孔子已死，而其道則兩千五百年來傳遞弗輟。

民族與文化兩觀念之偏輕偏重，卻引誘起近代中國人內心之種種衝突，而急求調整。中國文化傳統精神，建本於一己，而直達於天下。只求一種人與人相處之道來融通解決人類間一切問題，而期求達於天下一家，中國一人，大同太平的大理想。民族與國家，則只是展開此種理想中之一過程，一階段，而非一壁壘，一障礙。

但自東西接觸，世界棣通，外面勢力，卻全以民族與國家觀念為其力量之主要根源，來從事作相互之鬥爭。中國逼處其間，若使國家覆滅，民族解體，則其一向所重視的這一套文化傳統，亦將不可保。於是中國人在其外患洊至，危急存亡之際，逼得要重新調整自己的傳統。

中國歷史上，屢受外禍侵臨，這一種形勢與需要，亦不自近代始。

尤其是蒙古入主，中國社會及其傳統文化，曾受莫大之震撼與摧殘。晚明諸大儒，如顧亭林、王船山諸先生，心懲前創，目擊新傷，對民族觀念更所重視。然亦只認為保種保國乃存續文化傳統大本所係，卻並非僅為國家民族之當前遭遇而忽忘了文化大傳統。

晚清末年如康有為，一面主張保王，一面提倡大同，亦可謂仍是受了中國傳統思想之影響。但惜其對於歷史大統，世界潮流，認識有未切。

近代中國，惟　孫中山先生，始能高瞻遠矚，斟酌盡善。一面主張驅除韃虜，排滿革命，但自中華民國創建，便容許五族共和，漢、滿、蒙、回、藏一家，在其所提倡的三民主義中，民族主義褒然首列。一面卻以香港碼頭工人在其竹槓中藏有頭獎彩票為喻，依然進一步在求大同太平，只是退一步先求保種救國。其於民族觀與文化觀之本末輕重之間，仍不失傳統文化之精神。

至於洪楊太平天國，只知有民族界線，而毀棄了文化大統，那就要不得。

今天的中共，則連民族界線與文化大統而一併漫滅破壞了，更是要不得。

## 四、救國保種與文化復興

當前急務，則仍在以救國保種與復興文化之兩大綱宗為目標。此兩大綱宗，實際還是一件事。只有保種救國，才能復興文化。但亦只有復興文化，才能保種救國。此在　中山先生三民主義之講演中，已揭發明顯。

保種救國，固需面對世界潮流，但更主要者仍在自己能拿出力量來。救國只是自救，保種也只是自保。若自己沒有力量，儘認識外面潮流，也將為潮流所捲去。

今試問中國內部自身力量在哪裡？則只在中國之文化傳統上。若自己文化無力量，中國早就不能存在到今天。若自己文化無力量，試問再從哪裡去找自己的力量？

飲食營養與針藥剋治都重要，但自身內部活力更重要。一切營養剋治，均需配合在其本身內部那股活力而始見其作用。

今再問中國自身內部那股文化力量究竟在哪裡？就於上述，則中國文化力量主要還是寄存表現在中國之社會。

中國社會最和平，但同時也是最能奮鬥，最堅韌。

中山先生臨終，還呼「和平奮鬥救中國」。和平奮鬥，便是中國社會內部力量之特徵，也即是中國文化內部力量之特點。

今天的中共，卻正在運用其一切私智暴力來向中國社會作徹底的破壞，也正為他們已懂得，而且已接觸到感受到那一股最堅韌的力量在阻礙他們之前進。他們若非把這一股力量摧毀，他們將終於不能再前進再存在。

但當知，中國歷史上雖不斷遭受外力摧殘，如五胡、如遼金、如蒙古、如滿洲，但終於不能破毀了中國的社會。至於如中共平日所愛講，黃巢、張獻忠、李自成之流，其不能破壞中國社會，更不待言。

其實巢闖之流，在其本心，也並不曾想要破壞中國社會。存心想要破毀中國社會者，只有今天的中共。

但試問，一切外來力量尚然不能破毀中國社會之存在，現在的中共，究竟還是中國人，彼輩自身，即在中國社會之內，不在中國社會之外。此如用自己兩手，抓住自己頭髮，而想自舉其身，縱用盡大力，可說是其愚不可及。

但中共之敗，縱可指日而待，而我們當前那一番救國保種之大業，則仍待在中國社會內部自身找力量，仍該在中國傳統文化中覓精神，此一大要義，還該我們時時提撕與警覺。

# 下篇　中國歷史演進與文化傳統

## 第四章　中國歷史演進大勢

上面講的是中國社會，下面再講中國歷史，主要都在闡揚中國文化精神。人類古文化，根源於四地區。巴比倫、埃及已夭折。印度畸形發展，未能創成一個獨立完整的國家，未曾留下一部詳確明備的歷史。只有中國，廣大的中國社會，綿長的五千餘年的歷史傳統，全由中國人自己在主演。論其體系之大，包容之廣，延亙之久，差堪與中國歷史相比者，就目前人類歷史言，只有一部歐洲史。

但中國史與歐洲史，精神面貌各不同。中國史如一樹繁花，由生根發脈而老幹直上，而枝葉扶疏，而群花爛漫。歐洲史則如一幅百衲刺繡，一塊塊地拼綴，再在上面繡出各種花草蟲魚。歷史如是，文化亦然。中國文化重在其內部生命力之一氣貫通。歐洲文化則由多方面之組織而成，雖曰取精用宏，終是拼湊堆垛。換言之，中國文化是一本的，而歐洲文化則是多元的。

## 一、秦以前之中國

秦以前之中國歷史演進，至少已有兩千年到三千年。中國文化生命，在此時期中，已茁長完成。

其最主要代表人物則為周公與孔子。此下中國政治與社會之大理想，由周公創始。學術與思想之大體系，由孔子建立。

因此周公孔子，為此下中國兩千年來之楷模。

所謂政治與社會之大理想，主要在「禮」與「樂」。所謂學術與思想之大體系，主要在人心之「仁」，與夫可以推行之於天下萬世之「道」。

禮樂之內心精神便是仁與道，仁道之外施規模便是禮與樂。

周公開始把散布在當時中國大陸各地種姓不同風尚相別的各個社會，融凝合一，而建立起一個統一的新王朝。其所仗便是一種禮樂精神。

孔子把周公的一切具體設施推闡說明，要義在本原於人人各自具有之內心之仁，而隨時隨地隨宜推擴，以形成為一種可以普遍適用於天下萬世人類全體之道。

此下中國歷史演進，主要不能越出周公孔子兩人所樹立之規範。

更主要者，在周公孔子之私人人格修養及其實際生活上，又建立了中國歷史此下所謂士之一流品之最高的楷模。

## 二、漢唐時代之中國

中國歷史之偉大成就，首要在其大一統理想之實現。

周公西周時代所創建，乃一種封建政治之一統。秦漢以後所改進完成者，乃為一種郡縣政治之一統。

封建政治是一種貴族分治。郡縣政治則為一種士人合治。

士之養成在教育，士之登進在選舉。

當時教育制度，分公私兩軌並進。社會私家講學，開門授徒，是一軌。政府自縣道郡國學向上集中，到中央太學，是另一軌。

選舉制度亦分公私兩軌並進。中央地方各部門主管長官可以自辟僚屬，是一軌。郡國分年選舉以及中央臨時制詔選舉，是另一軌。

由於政府獎勵學術，選拔賢俊，而學術風氣普遍到全社會，此乃由政府領導著社會。由於各地賢俊集合到政府，實際掌握政權，而各地民生利病，社會意見，可以隨時活潑呈現於政府而具體表現在一切行政措施上，此乃由社會管制著政府。

此種建國規模，在其背後，顯然有一大理想。而此種理想，則顯然上承周公孔子精神，經時代之演變蛻化而有此。

因此，當時全國教育，幼學階段主要教材為《孝經》與《論語》。成學階段主要教材為五經。憑此建國規模，而形成兩漢之治平與隆盛。

但歷史只是人事，人事並不能遵循一軌道而直線上進，無頓挫，無曲折。

東漢以下，士族興起，同時老莊思想漸盛。當時的士，則已無大仁大勇來擔負國家民族的大使命，來追求國家民族的大理想。

他們的精神意氣，大半都封閉在各自的門第傳統一種小天地之內，游情於文學藝術，僅求私生活之自怡悅。

先是統一政府崩潰，繼之以五胡之亂，而形成南北朝對立，顯為中國歷史之中衰期。其時則印度佛教傳入，掌握了人生最高理想之領導權。但在上，兩漢政府精神及其一切機構組織，並未完全崩潰，還是大體存在著。在下，則士族門第仍能敬宗恤族，敦睦孝弟，仍是各有其一套傳統體法，依然不失為儒家精神之遺存。

因此兩傳統，而終能再造隋唐統一，以及唐代之全盛。但人生最高理想之領導，則實依然在佛教。其時人生則分成了兩截。一面是終極的想望，清淨涅槃。另一面卻是當生之實務，權勢聲名。唐代人心比較積極開放而進取，國力扶搖直上。社會富，國家強。但漢人樸而凝，唐人華而散。唐人所缺乏者，仍是一人生全體最高理想之領導。

於是向外則陷於窮兵黷武，轉而向內，又成為藩鎮割據。唐代之沒落，近似西方羅馬帝國之崩潰。緊接著的是五代十國，為中國歷史上第二度之中衰期，抑且近似於黑暗。

## 三、宋以下之中國

宋人之最努力者，厥在復興儒學，又恢復了以往最高領導全體人生之思想大傳統。

因於隋唐考試制度之蟬續，而門第失勢。自宋以下，則成為白屋寒儒之天下。宋代國勢積弱，雖未能全部扭轉中晚唐之頹運，但此後一千年，中國文化仍得傳統勿輟，實胥賴於宋人。

蒙古入主，中國社會幾於全部受其震撼，幸而在南宋偏安時期所辛苦達於完成之新儒學，傳入北方，為中國社會普遍注射進新精力。

明代光復了中國民族之政權自主，當時之教育與考試，則幾乎全依朱子一家言。朱子《四書集注》，七百年來，家絃戶誦，成為中國社會之人人必讀書。

此一經過，實與漢人表章五經，同樣涵蘊有甚深意義。苟非竟體了解中國歷史，通盤了解中國文化，不易把捉到此中之契機與涵蘊。

明代國運光昌，堪與漢唐鼎足而三。

滿清入主，而晚明諸大儒藏精掩彩，靈光不磨。此下三百年，仍是此一番淋漓元氣，暗中主宰。

但通觀自宋以來，此一千年之中國史，較之漢唐乃及先秦，終於不脫一弱象。而士的社會地位，經濟地位，乃及政治地位，亦較以往為弱。

而且此一千年來，士之精神所注，亦重在與佛家教義爭心性之微，爭宇宙之奧，而於人群治平大業則不免置之為次圖。

因此，此時期孔孟並尊之新傳統，遂代替了唐以前周孔同列之舊傳統。

尤其在滿清政權之壓迫下，學者心力所瘁，群趨於古經籍之校勘、訓詁、考覈，埋頭故紙堆中，雖於學術內容有貢獻，卻於社會實際無補益。

清代自乾嘉全盛之後，遂有道咸以下之衰運。

## 四、近代中國及其前瞻

當是時，正值西力東漸，國人內厭清政之腐敗，外怵強敵之侵凌，於是有變法維新之要求。辛亥以還，不僅上層政治變了，更要的則是下層社會亦跟著變了。

漢以下之選舉，唐以下之考試，確定了中國傳統社會，所謂四民社會中士之領導地位。但自晚清科舉廢止，民國以來，西方民主憲政之新的選舉法，實際未能在中國急切推行。於是如何選賢與能，使政府與社會密切相繫，血脈相通之舊秩序已破壞，而新秩序未建立，一切紛亂，遂不斷在此過渡時期中產生。

更要者，考選制度外，乃屬教育制度。晚清以來，迄於民國，全國上下，努力興學。各地中小學校，關於國民教育普及教育方面，尚幸薄有成績。但屬於教育最高階層之大學教育，則始終未臻於理想。

因此，全國思想之最高領導及其安定中心，已不在國內，而轉移到國外去。留學政策應運而興。此一政策，實隱隱掌握了近代中國之國運。少數留學生，不瞭國情，群思本其所學於國外者來盡變國內之故常。

晚清末葉，主要心嚮，在模倣德國與日本。民國肇建，主要潮流，在追步英美。漸漸醞釀出打倒孔家店，線裝書扔毛廁裡，廢止漢字，全盤西化等呼聲。於是由政治革命轉移到社會革命與文化革命。破壞舊的，人盡同意。一談到建設新的，則意見各別。各有理想，各有圖案。遂使近代中國，多破壞而少建設。

國內多數優秀青年，沒有出國留學的機會，便如窒塞了將來一切希望，斬斷了將來一切出路，更易激起他們對現實狀況之不滿。而過激思想，遂普遍瀰漫。於是又有勤工儉學之號召，招致許多青年，盲目出國。結果則儉學其名，勤工其實，又為共產過激主義敷設了溫床。

如此內外配合，而共產思想傳播益盛。

傳統社會中士之一階層，先自糜爛而不可收拾。

由於國外工商優勢之經濟侵略，而農村亦逐步陷入貧困與崩潰中。

尤其是北方農村，更形枯瘠。逮於共產基地轉移到北方，又經八年對日抗戰，而中共遂得於北方廣大農村中生根。

工商業在中國社會，本不曾積極獎勵。自與西方新起工商勢力接觸，而驟形劣勢。

政治不上軌道，國內社會在長期動盪中，對外條約又受種種欺騙與束縛，新科學智識，急切間未能引用，於是工商劣勢，常此繼續，幾於一蹶而不振。

由於上述形勢，近代中國，雖長期掙扎，而苦難重重，好望終渺。

國民革命軍北伐成功以後之數年間，政令漸見統一，社會復蘇有象，而日本帝國主義又乘機加速進犯。抗戰之餘，殘喘未息，創痍猶新，而中共遂以得志。

回顧對日抗戰前之中國，一是數十年來中小學國民教育薄有成績，二則全國廣大農村猶未澈底破壞。八年抗戰，倖獲勝利，所憑藉者在此。

今中共盤踞大陸已十年，中小學校教育先已變形，人民公社推行，全國農村之深厚基礎亦將澈底毀滅。為近代中國保留新生機之兩大憑藉，均已崩潰。他日光復，一切須在廢墟上重新建立，其艱鉅之情，殊難想像。

然中國必有其前途，所堪鼓勵吾儕之信心與勇氣者，厥在中國傳統文化之深根寧極，有其不可消散磨滅之潛勢力之存在。

若先忽忘了自己傳統文化，試問尚有何物，可供吾人之憑藉，而作為此後復國建國一切力量之出發點與中心點之所在。

此一信念，實在堪供吾人在此萬死一生中，作深切之警覺與珍重之保持。

# 第五章　中國文化本質及其特徵

中國傳統文化，何以值得吾人如此鄭重自信，上面已就其表現於社會結構及歷史演進中者，扼要分別敘述。但今日則歷史已走上了前古未有之黑暗期，社會亦在土崩魚爛中。若我們對於此傳統文化內在深處之本質及特徵，不能有更進一層之認識，則我們終將不能確保此信念，而亦無法運用此潛力，以作為吾民族起死回生惟一可賴之法寶。

## 一、中國文化體系之分析觀

所謂文化，本屬包括著人生全體之各部門、各方面而言。

全世界各民族各文化體系，莫不各有其輕重長短，亦莫不各有其利病得失。

人類文化演進至今日，尚未見某一文化體系，能平衡兼顧，有利而無病，有得而無失。

若我們能將每一文化體系，分析而觀，庶乎利病互見，得失並呈。而每一文化體系之本質及特徵，亦將顯豁無遁形。

今就並世中國以外之二大文化體系言，印度由於氣候與物產之特殊影響，生事易足，又對人生實務易生厭倦。因此，在其文化體系中，宗教一枝獨秀，文學藝術為其附庸，而其他則無可言。西方歐洲文化，則由希臘之個人自由精神，羅馬之法律組織，以及希伯來之上帝信仰，三者配合，而增以現代科學之發明。

以中國文化較印度，顯屬發展勻稱。與近代歐洲相較，則遙為調和協合。

若以文化演進分三階層，以農工商各業關於物質經濟方面者為第一階層。以群體組織，家庭社會國家之建立為第二階層。以有關心性陶冶，舉凡文學藝術，宗教信仰，道德修養等方面者為第三階層。則印度文化實在第三階層上畸形發展，是為文化之早熟。近代歐洲文化，三階層均有超卓之造詣，但希臘傳統個人自由精神與羅馬傳統法律群體組織精神相衝突。希伯來傳統宗教信仰，重視靈魂出世，又與文藝復興以下肉體現世精神相衝突。現代科學興起，雖於第一階層物質經濟方面，驟見突飛猛進，但於上述諸衝突，則反有增重之力，而無彌縫之功。

中國傳統文化，若截自清代乾隆以前，則三階層之成就，實皆遠超西方以上。僅自西方近代科學興起，中國遂若處處落後。

所幸科學無國界，可以向外襲取，迎頭趕上。不幸而國人一時迷惘，認為不打倒舊的，裝不進新的，為要接受科學，主張先把自己傳統盡情破壞。試問在破壞途中，政治社會全搖動了，禍亂相尋，哪有科學發展之餘地？

今以後，當整理舊的，再引進新的，兩途並進，始是正辦。而其本末先後輕重緩急之間，也該斟酌盡善始得。

## 二、中國文化體系中之人文精神及其道德觀念

中國文化是一本相生的，在其全體系中有一主要中心，即為上述之人文精神。

中國文化以人文精神為主要之中心，而宗教則獨不見發展。

佛教入中國，唐代天臺、華嚴、禪三宗，俱已中國化，已有中國傳統的人文精神之羼進。但中國傳統的人文精神，仍與西方文藝復興以後之所謂人文主義有不同。因中國人文精神可以代替宗教功用，而並不與宗教相敵對。

中國特別重視道德觀念，故使傳統人文精神能代替宗教功用。

中國人之道德觀念，內本於心性，而外歸之於天。

孟子盡心知性、盡性知天之教，實得孔學真傳。荀子戡天之說，則終不為後世學者所遵守。

孟子主張人性善，此乃中國傳統文化人文精神中，惟一至要之信仰。只有信仰人性善，人性可向善，必向善，始有人道可言。中國人所講人與人相處之道，其惟一基礎，即建築在人性善之信仰上。整個人生惟一可理想之境界，只此一「善」字。若遠離了善，接近了惡，一切人生將全成為不理想。自盡己性以止於至善，此乃中國人之最高道德信仰。與人為善，為善最樂，眾善奉行，此可謂乃中國人一普遍通行之宗教。由於人生至善，而達至於宇宙至善，而天人合一，亦只合一在此善字上。西方人自始即有真、善、美之三分觀，循至宗教、科學、藝術各各分道揚鑣，互不相顧。而人道則轉須建立在法律上。法律又須建立在權力上。權力又妨礙了人性尊嚴，於是需要有個人自由之爭取。而個人與社會亦遂劃分而為二。

中國人把一切人道中心建立在一善字上，又把人道與善建立在天道上。而天道則又建立在人道上。

故依中國觀念言，一切宗教均脫離不了一善字。即科學與藝術，亦脫離不了一善字。脫離了此一善字，即一切對人無意義，無價值。

〈易傳〉云：「一致而百慮，殊途而同歸。」凡屬人道，當一致同歸在此善字上。

西方觀念中，科學在求真，藝術在求美。於是科學藝術，有時不為人利而反為人害。

西方人的宗教信仰，又把天與人分開。人生挾帶了原始罪惡以俱來，人生之終極希望，只有在天國。

若僅就人生言，個人自由成為最高境界。但有了個人不能沒有社會，於是再把法律組織來把此個人之自由勉強膠黏在一起。

在此人生境界中，科學求真，藝術求美。財富權力，欣賞娛樂，層層塗飾，一處處點綴，也未嘗不能形成一幅吸引人心目的景象，無奈經不起解剖與洗剔。

若論人道真能達於相互安和歡樂的境界，真能推諸四海，垂諸萬世，為人類普遍永恆作標準，則斷斷脫離不了一善字。

若我們真能信仰此一真理，便可信仰到中國文化的價值，便可信仰到中華民族之前途。

## 第六章　中國的哲學道德與政治思想

上面所說，似乎近似一套哲學思想。

所謂哲學思想，乃是一種尋求宇宙真理，人生真理的思想。

中國人尋求宇宙真理，乃及人生真理，其思想方法，亦復與西方人不同。

西方哲學是純思辨的，先在思辨中尋求建立出一套真理來，再回頭來指導人生行為求能配合此真理。

他們說：哲學是一種愛知之學。因此，便不免把知與行先就分成兩橛了。

中國人尋求真理，貴在知行並重，知行合一，知行相輔交替而前進。

《中庸》云：「博學之、審問之、慎思之、明辨之、篤行之。」學便已是一種躬行實踐。學了行了才有問、有思、有辨，而其終極階段仍在行。

中國人之思維，並不能脫離了其自身之躬行實踐而先自完成為一套哲學的。故中國哲學，實際則只是一套人生實踐之過程。

因此，中國哲學，主要並不在一套思想上，而毋寧說主要在一套行為上。故中國人以聖哲連言。常稱聖人哲人，不言聖學哲學。

因此，中國哲學，早就與實際人生融凝合一了。

因此，在中國，好像有許多大哲學家，如孔孟，如程朱、陸王皆是。但若尋求他們的哲學體系，則又像是零零碎碎，不成片段。換言之，則像並無思想體系可言。

其實，他們的哲學體系，乃是完成在他們的全部人格上，表現在他們的全人生之過程上，而並不只表現在其所思辨與著作上。

因此，在中國有哲人，無哲學。哲學一名詞，仍是由西方迻譯而來。中國的哲人則必然是一善人，一有道之人。因此，中國哲學實應與中國道德融凝合一。

政治乃人生一大事，修身齊家與治國平天下一以貫之，徹頭徹尾，仍是一道德。孔子曰：「政者，正也。」脫離了道德，便不再有政治。故孟子言仁政，言善政，政治之終極標準，仍脫離不了一善字。

就中國歷史言，大政治家項背相望，卻只有極少數如西漢初年之賈誼等，始可稱為一政治思想家。

一則中國學人，實際多數都已參加了政治。二則實事求是，為政不在多言。三則學貴融通，政治不能脫離了人生大道而獨自成其為政治。因此，在中國文化傳統裡，幾乎絕少有在特殊環境下，關著門專門從事於著書立說的政治思想家。

若說中國沒有一套完整的政治思想，正猶如說中國沒有一套完整的哲學思想般，這正由中國之文化特質使然。自秦以下二千年，中國文化在政治事業上所表現，實已超越尋常了。

近代中國，　孫中山先生亦能對中國傳統政治有其卓見。留學西方的，言政治，只學得一些西方政治皮毛，乃謂中國無政治思想，自秦以下兩千年來，只有帝王專制，乃無政治事業可言。近代中國，在其傳統文化精神之大體系內，先自失掉了政治精神一傳統，不能不說是近代中國一大損害。

## 一、中國傳統文化中修身齊家治國平天下之一貫理想

我們也可說：中國人的哲學精神，即其求知精神，如實言之，不如謂是中國人的求道精神，卻可說最近於西方現代實事求是的科學精神。現代西方科學精神，最主要者，在能逐步求證驗，逐步擴大，逐步向前。而中國人講道德，也正如是。

《中庸》云：「在下位，不獲乎上，民不可得而治矣。獲乎上有道，不信乎朋友，不獲乎上矣。信乎朋友有道，不順乎親，不信乎朋友矣。順乎親有道，反諸身不誠，不順乎親矣。誠身有道，不明乎善，不誠乎身矣。」

此一道，便是在逐步證驗，然後再逐步擴大向前的。

從低處近處，一步行得通，有了證驗，才向高處遠處更前一步。

人生高遠處，不可窮極，也只有從眼前腳下，低近處，如此般一步步行將去。故曰：「吾道

一以貫之。」

人總還是個人，道也總還是個道，無論對己對人，修身、齊家、治國、平天下，全只是在人圈子裡盡人道。

人道則只是一善字，最高道德也便是至善。

因此說，中國的文化精神，要言之，則只是一種人文主義的道德精神。無論是社會學、政治學、法律學、經濟學、軍事學、外交學，一切有關人道之學，則全該發源於道德，全該建基於道德。也仍該終極於道德。即全該包涵在一善字內。

此是中國傳統文化中一最高理論，亦可說是一最大信仰。

因此，在中國傳統文化的大體系中，宗教與哲學，是相通合一了。如何求考驗此理論，如何來證實此信仰，只要是個人，只要在人圈子中，盡人可以隨時隨地逐步去求證驗。

社會只如一實驗室，人生便是在實際實驗中。

因此，在中國傳統文化的大體系中，西方的科學精神，也可與其宗教哲學精神相通合一了。亦可說：中國傳統文化中的道德精神，實際也是一種如西方般的科學精神。中國人的天人合一，亦即如西方之人文科學與自然科學之合一。

《中庸》云：「盡己之性，可以盡人之性，盡人之性，可以盡物之性。」若說盡己之性是心性道德，盡人之性是社會科學，盡物之性是自然科學，則中國人理想，乃從心性道德學以貫通達成於社會科學、自然科學，三者合一，乃始得之。

近代西方人，多主張本於自然科學之精神與方法，以貫通達成到人文方面。然自然科學本用於對物。本於對物之學，以貫通達成於對人方面，其間終不能無病。惟物與人則必有相通之理，而本末先後之間，則中國人理想之人文本位，乃更合理妥當些。

中國人理想，重在本於對人之理以對物，故中國傳統文化中，自然科學較不發達，而發達轉向於藝術。

中國人之藝術與文學，均都充滿了道德之精義。此後西方自然科學在中國生了根，亦當滲透進中國文化傳統之道德精神，此事無可疑。惟此當為將來人類所最希冀之新科學，此事亦無疑。

中國傳統文化中修身、齊家、治國、平天下的一貫理想，正因其對於自然科學方面之發展較遜，而使中國文化力量之表現，始終停滯在治國階段，而未能再前進。然徒仗西方近代科學，縱極進步，亦難望於平天下。將來人類真望能達於平天下之理想，則必待近代科學與中國傳統文化相結合，此實中國傳統文化對將來人類莫大貢獻之所在。

## 二、中國傳統文化中之天人合一觀

中國傳統文化，雖是以人文精神為中心，但其終極理想，則尚有一「天人合一」之境界。此一境界，乃可於個人之道德修養中達成之，乃可解脫於家國天下之種種牽制束縛而達成之。個人能達此境界，則此個人已超脫於人群之固有境界，而上升到宇宙境界，或神的境界、天的境界中。

但此個人，則仍為對於人的境界能不脫離，而更能超越於者。亦惟不脫離人的境界，乃能超越於人的境界。

在此人群中，只求有一人能超越此境界，便證人人能超越此境界。能超越此境界而達於天人合一之境，此始為有大德之人，中國傳統則稱之為「聖人」。聖人乃人中之出類拔萃者。然正為聖人亦是人，故證人人皆可為聖人。人人皆可為聖人，即是人人皆可憑其道德修養而上達於天人合一之境界。具此境界，謂之「德」。循此修養，謂之「道」。故德必然為同德，而道必然為大道。

中國傳統文化之終極理想，乃使人人由此道，備此德，以達於大同太平。而人人心中又同有此天人合一之境界，則人類社會成為一天國，成為一神世，成為一理想宇宙之縮影。

到此境界，雖仍為一人類社會，而實已超越了人類社會。亦惟仍是一人類社會，乃始能超越人類社會。

此乃中國傳統文化中，近於哲學上一種最高宇宙論之具體實證，又近於宗教上一種最高信仰之終極實現，又近於科學上一種最高設計之試驗製造完成。

但中國人心中，則並無此許多疆界分別。中國人則僅認為，只由各個人一心之道德修養，即可各自到達此境界。亦惟有由於各個人一心之道德修養，而始可各自到達此境界。

故謂中國傳統文化，徹頭徹尾，乃是一種人道精神、德性精神。亦可謂之乃天命精神。

## 三、中國傳統文化中之人文修養

最後要一談中國傳統文化中之人文修養，此乃中國文化一最要支撐點，所謂人文中心與道德精神，都得由此做起。

所由保持與發揚中國傳統文化者，其主要胥在此。

《大學》云：「為人君，止於仁。為人臣，止於敬。為人子，止於孝。為人父，止於慈。與國人交，止於信。」此乃中國人所講人文修養之主要綱領。

所謂人文，則須兼知有家庭國家與天下。此三者，即今人所謂之社會。要做人，得在人群中做，得在家庭國家乃至天下社會中做。要做人，必得單獨個人各自去做，但非個人主義。此每一單獨的個人，要做人，均得在人群集體中做，但亦與集體主義不同。要做人，又必須做一有德性之人，又須一身具諸德。父慈子孝，君仁臣敬，亦非有上下階級之不平等。此乃所謂理一分殊，易地則皆然。慈、孝、仁、敬、信五德，皆發源於人心，即人性。心同則理同，性同則德同。分雖殊，理則一。亦可云德雖殊，性則一。人心與生俱來，其大原出自天，即性。故人文修養之終極造詣，則達於天人之合一。人之處家，便可教慈教孝。處國及人群任何一機構中，便可教仁教敬。人與人相交接，便可以教信。故中國傳統文化精神，乃一切寄託在人生實務上，在人生實務之道德修養上，在教育意義上。

中國文化之終極理想，則全人生變為一孝、慈、仁、敬、信之人生，全社會變為一孝、慈、仁、敬、信之社會。天下則是一孝、慈、仁、敬、信之天下，宇宙亦如一孝、慈、仁、敬、信之宇宙。此惟人文中心道德精神之彌綸貫徹，乃始能達到此境界，完成此理想。

今天的中國，似乎已是禮樂衰微，仁道不興。但禮失而求諸野，為仁由己，在家庭，在社會，依然仍有其文化大傳統可尋。而其主要責任，則仍在現代中國的知識分子，能知、能信、能守、能行。道在邇而求諸遠，孔子曰：「未之思也，夫何遠之有。」復興中國，其道只近在眼前。

顧亭林言：「有亡國，有亡天下。天下興亡，匹夫有責。」苟非深切明白到中國傳統文化之體系與精神，便不能明白到亭林此番所言之深情與至理。

孟子曰：「待文王而後興者，庶民也。豪傑之士，雖無文王猶興。」今天的中國，則正貴有豪傑之士之興起，來興民，來興國，來興天下。

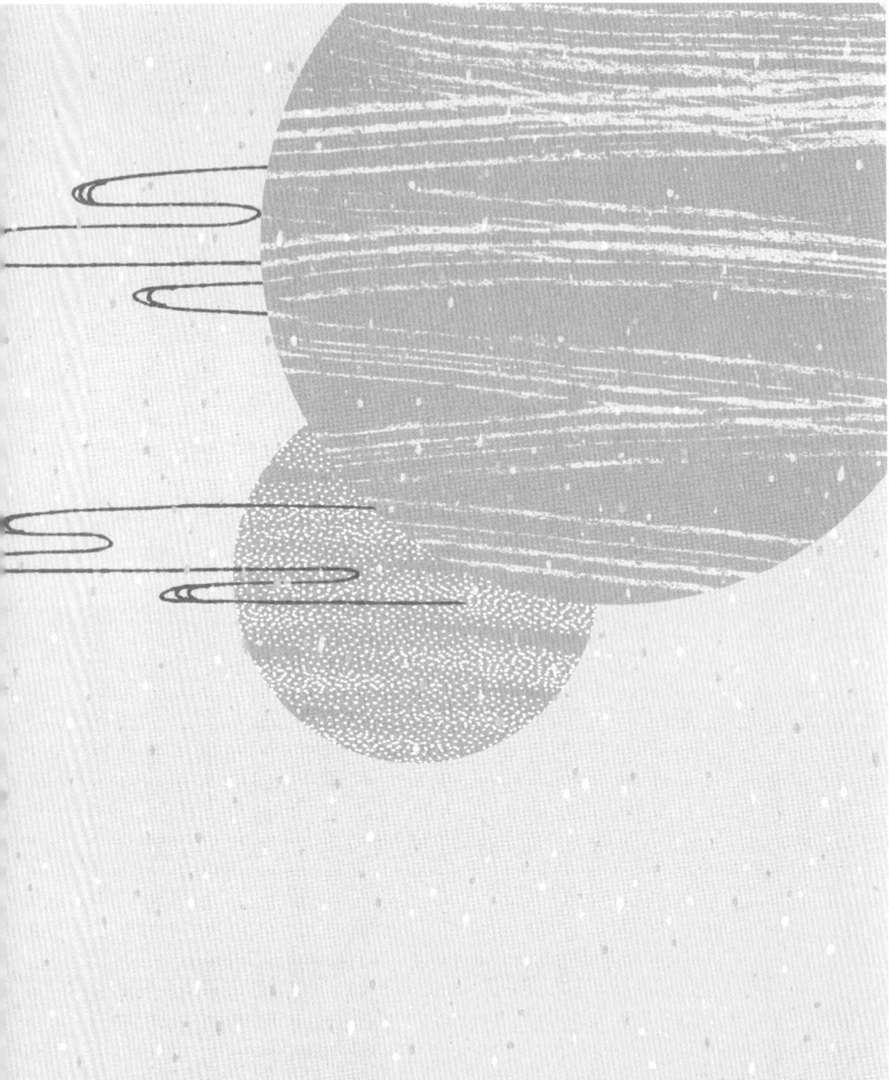

# 講演詞

# 第一篇　緒　論

## 一

諸位先生：今天我來講的題目是「民族與文化」。這個題目，可說是有關國防方面最大的一個題目。為什麼呢？我們拿現代這一個世界來講，我們不能否認這是由西方人發現，也可以說是由西方人主宰著的。但是西方人到二十世紀開頭，內部就已發生了破裂，經過了第一次世界大戰，在將結束時，美國總統威爾遜提出一個「民族自決」的口號，這可以說就是舊歷史與新歷史的一個轉捩點。

怎樣叫做民族自決？最近幾世紀以來，西方人的帝國主義和殖民政策正盛行。他們抱著一種所謂民族的優越感，認為只有白種人是優秀的民族。其他民族，不是野蠻就是半開化。這許多野蠻人或半開化人，照理該由優秀民族來管、教。他們的管理，就憑軍事。他們的教育，就憑宗教，耶穌與上帝。這種觀念，在他們不覺有什麼不合理。而循此向前，大家就拼命來爭取殖民地。由於爭取殖民地，而形成了第一次世界大戰。可是在這個大戰中，除了歐洲諸國以外，還有許多來自亞洲、非洲各地的所謂野蠻人或半開化人，也加入了戰爭。這可說明，歐洲的帝國主義，雖其存心在滅人國家，甚至滅人種族，可是亡了國的固然多，滅種的究竟少。國家是不存在了，民族還是存在著。只要有歷史，有文化，這一民族是消滅不了的。

怎樣叫做民族呢？我們很簡單的可以說，只要他們的生活習慣、信仰對象、藝術愛好、思想方式，各有不同，就可以叫做異民族。這種不同，便是文化的不同。由於文化不同，就形成了民族不同。歐洲人經過幾百年帝國主義的殖民政策以後，或許在他們內心裡，也漸漸感覺到有所謂相異民族與相異文化的存在。因此才有「民族自決」的口號提出來。既然是一個民族，他們的政治和社會，就該有一個自治自決的權利。從這個口號提出以後，現在不到五十年，我們只要看大英帝國變成了聯合王國，這就是歷史大轉變一個顯明的例子了。我們這樣講法，就已從「民族」二字同時講到「文化」二字。我們認識一個民族，就是認識了一個文化。

在第一次世界大戰時，有一位德國學者史賓格勒，寫了一本書，名《西方之沒落》。這書是戰前的稿子，戰後才出版。這本書在歐洲當時發生了很大影響，可惜我們中國還沒有譯本。他認為文化也有一種生、老、病、死的過程。同時他認為西方文化到了現階段，已經是一個沒落的階段，就要走到死亡的邊緣上去。這是西方人開始對他們的文化發生了不自信和悲觀的一個看法。他們對自己的文化失去自信，發生悲觀，同時也就慢慢看到對方的，別人的文化。這本書雖然是一本私人著作，然而也可以看出西方人內心的轉變。因此從第一次世界大戰到現在的世界新趨勢，我們不妨提出兩句話，第一是「民族共存」，第二是「文化交流」。世界上既有不同的民族，有不同的文化。不同的民族只能求其共存，不同的文化只能求其交流。這是歷史的大趨勢，現代史已經走上了這個方向，因此才有所謂聯合國。聯合國的旨趣，也就是要求民族共存和文化交流的。或許好多人並不這樣講，然而事情早已在那裡這樣表現了。

## 二

在這個世界大潮流之下，另有一股逆流，就是共產主義。共產主義也稱為馬列主義。所謂馬列就是馬克斯和列寧。馬克斯的一套歷史觀，是淵源於德國赫格爾歷史哲學這個系統的。赫格爾在西方學術界負有很高的聲望，被認為是一個了不起的哲學家。由我看來，西方哲學，可說向來都是懸空的。赫格爾的歷史哲學，才從懸空的哲學落實到人類歷史上來。憑這一點，他在西方思想界應該有他了不起的貢獻了。但我們中國人一向走平實的路，一向喜歡腳踏實地，並不看重懸空的理論。因此我們看赫格爾的歷史哲學，毛病還是很大。中國人是從歷史來講出一套哲學的，並不是先有了一套哲學用來寫成歷史解釋歷史的。

赫格爾的哲學我們暫不論，他講歷史卻可謂荒唐已極。他認為世界人類最優秀的是日爾曼民族。世界文化演進，最低級在東方，因太陽由東方轉到西方，所以文化也從中國開始。中國最不行，慢慢走到印度，到希臘，到羅馬，再到日爾曼民族，這才是到了登峰造極的地位。這種說法，一個國民學校的小學生也該知道是講不通的。然而在西方，不僅德國人崇拜赫格爾，英、法諸國人大家都崇拜赫格爾。為什麼呢？我想赫格爾所講日爾曼民族最優秀，其他雖不是日爾曼民族，至少總同是歐洲人。日爾曼民族是最優秀的，也就無異說歐洲人是最優秀的。人類文化演進到最高一個階段，就是他們歐洲人，這是當時歐洲人一個共同的見解。到今天，已經不這樣了。

從赫格爾到馬克斯，又進了一步。馬克斯好像是從歷史來講哲學，不從哲學來講歷史。那比赫格爾要高明些。在馬克斯的時代，十九世紀，正是自然科學獨霸一時。當時歐洲人都認為，自然科學就可以解決人類一切問題。馬克斯的歷史哲學，自稱是一種科學的歷史哲學。所謂科學，只能有一個真，不能有兩個真，二加二等於四，不可能等於三，或等於五，以一概萬，沒有例外，這才是合乎科學的。而馬克斯本身是一個猶太人，猶太民族是全世界民族中最特別的。有猶太人，猶太社會，但無猶太國。猶太人流亡散處在世界各地，因此馬克斯的哲學裡，不講到民族相異，文化相異，卻和耶穌一樣，只講天下人生活的一般性大同性，這才產生了他的唯物的哲學。他看歷史，是共同的、必然的，只有一條線。他把社會形態來講歷史，從奴隸社會變成封建社會，從封建社會變成資本主義社會，從資本主義社會再變成共產主義社會，只有這一條線。這個講法，比赫格爾的正反合似乎更落實些。赫格爾是在講哲學，馬克斯是來講歷史了。

照馬克斯講法，人類歷史，古今中外，都逃不了這個進程，這個變化。所以他不須講國家，不須講民族，只要講社會，社會只有這幾個階段幾個形態。如果你講生活習慣、宗教信仰、藝術愛好、思想方法，這一切一切，我們講的所謂文化，他說這是跟著經濟條件生產方式而變的，經濟條件生產方式是最根本的。他把經濟條件生產方式和社會形態二者配合起來，因此在他的看法中，全世界人，無所謂白種黃種，也無所謂日爾曼民族中華民族。他沒有這種分法。他只說，這個社會是資本主義的社會，抑是封建社會。這人是屬於資產階級，抑是無產階級。他對古今中外整部歷史，都拿這眼光來看，所以他認為沒有一個社會會沒有階級。因此在馬克斯的這套歷史哲學裡，看不見有民族，也看不見有文化。他不是說這人是在某民族、某文化之下，而說這人是在某個社會，某個階級之下，他的歷史觀因此可說是世界性的。在這種觀點之下，絕對是要來一個世界革命的。

今天赫魯雪夫說，兩種政治制度可以和平共存，可是將來最後定是共產主義的世界。這番話，在共產主義的立場上，在信仰共產主義的人的心中，那是一點也不錯的，他應該有這樣的一個看法。在我們自由世界講歷史，其中有不同的民族，有不同的文化，這是我們的歷史觀。在我們覺得馬克斯的歷史觀，也一樣是懸空的，從赫格爾到馬克斯，他們都是哲學氣味太重的歷史觀，都是以一概萬的。馬克斯不承認有相異民族之存在，也不承認有相異文化之存在。你講一切民族，他就只一句話，「社會形態」。你講一切文化，他也只是一句話，「生產條件」。那麼我們要問一句，既無相異民族之存在，又無相異文化之存在，今天的所謂聯合國，又有什麼意義，又怎樣能有一個和平共存的可能？所以他們要說今天雖是和平共存，明天還是共產主義。我們說共產黨的最高手段是滲透，由這裡滲透到那裡，這是我們的講法。他們的講法不這樣，他們說這裡有無產階級，那裡也有無產階級，全世界無產階級會聯合起來革命，則並沒有所謂滲透。我們說共產主義是一種侵略主義，但由共產主義的理論講，這全是無產階級的自己覺悟，其他全無所謂了。

我們必然該承認各自有一個國防，但國家的主要因素在民族。今天的國家，由於歷史的大潮流所趨，已經到了民族國家的時代。以前帝國主義殖民政策下的國家，如大英帝國、大日本帝國等都垮了，我們所認為的國家，主要應從民族來。但共產主義就根本不承認有相異的民族，因此世界一體，也就無所謂侵略了。此因共產主義只有一個理論，即世界歷史只在一條路線上演進。

因此在他們的理論下，也就無所謂自由。所以照馬克斯的歷史觀看，明天的世界必然會是共產主義的世界。

在馬克斯以後有俄國人列寧，他是第一個所謂由無產階級起來抓到政權的。列寧又在馬克斯階級鬥爭的口號之外，加上一句打倒帝國主義的口號。這一句口號是從列寧開頭，不是從馬克斯開頭的，這就使列寧有資格和馬克斯並列了。

上面我們講過，世界的大潮流，從第一次世界大戰以後，民族自決的時代擡頭，帝國主義殖民政策的時代已經沒落了，而共產主義這一股逆流，則正是憑藉與利用了這個歷史大潮流大趨勢而存在、而發展。打倒帝國主義正是今天的大潮流，正是此下新歷史的大正統。在帝國主義殖民政策之下，不容許有民族自決，這仍是不承認有平等和不同文化之存在的。到了第二次世界大戰，蘇維埃快要垮臺了，那時的史達林所提出來宣揚而憑之以抵抗德國的，也還是民族主義。毛澤東在大陸所激起的「抗美援朝」的戰爭，他的口號仍還是打倒美國帝國主義，卻並不說要推進共產思想。可見共產主義遇到艱難，仍要乞靈於此世界歷史之大潮流，而希望能附隨以前進。即此一端，也可見何者是歷史的真路向，何者是歷史的歧趨逆流了。

## 三

現在說到我們中國，此兩世紀以來，雖未如波蘭、印度般把國家亡了。可是我們國家的地位，正是　孫中山先生所講的，屬於一種次殖民地的地位，有些處更不如殖民地。今天我們在自由世界新潮流之下，有權來要求國家之生存與獨立，自由與平等。但我們的立場究竟在哪裡？這不能不提起我們的「民族」與「文化」這兩個口號來。今天我們要反共，我們的立場在哪裡？這又不能不提起我們的民族與文化。倘使我們不自承認我們有這樣一套自己的文化，那就無異於不自承認我們有這樣一個該獨立自由的民族了。

從前講政治學的人，他們說國家由三個要素構成，即土地、人民、主權。其實此說有說不通處。從前的臺灣，有土地（臺灣），有人民（中國人），有主權（日本帝國），然而臺灣不能算是一個國家。現在的香港，也是有土地（香港與九龍），有人民（中國人），有主權（大英帝國），然而香港亦不能算是一個國家。可見主權是不能脫離於此土此民之外的。今天世界各國一般的憲法都說主權在民眾，有此土，有此人，更該自有權力形成一國家。

我們當知，單憑權力或主權成立的國家，今天已經落伍了。今天不再是在權力上該有此國家，該是在文化上民族上有此國家了。而民族的國家應該就是文化的國家。我們當知權力的國家是霸道的，文化的國家是王道的。因此我們要求存在於此二十世紀的歷史新潮流之下，我們該注重民族與文化的兩觀念，所謂「民族共存」、「文化交流」，這才是我們此後立國的基本所在。倘使我們並無這樣一套文化，我們也就根本不能形成為這樣一個民族，我們也就沒有向世界人類要求自主自決的立場與價值。因此所謂民族自決，一定要從存在於民族背後的文化傳統來出發的。而我們今天之所以定要反共，這就是我們對於歷史的看法，與共產主義的信仰有不同。在共產主義的歷史觀中，根本無民族，無文化。倘使我們今天抹煞了文化與民族觀，那我們也就是共產主義的信徒，至少也是共產主義的同路人。

在今天，我們說，這一邊是一個自由世界，那一邊是一個極權世界。話固然可以這樣講，然而我們所說的自由，卻不能單指個人自由言。當知每一個人根本不可能獨立完成為一個人。我們是在某一個民族，某一個文化系統之下，而完成其為一人的。我們是在某一社會，某一家庭之下，而完成其為一人的。我們又可說是在某一段歷史進程中，在某一個時代的共同背景中，而完成其為一人的。魯濱遜漂流荒島，魯濱遜當時確是成為一個個人了。但我們可以想像，魯濱遜之到荒島，不是他一個個人光身去到荒島的，他還是隨身帶著他的民族文化的一部分而去的。若照馬克斯講法，魯濱遜也還脫不了某個社會形態之下的某種階級意識而到那荒島去的。因此我們今天所爭，並不是爭各個個人的自由。我們也並不是說個人自由要不得，然而自由則更有其大者。今天我們這一個國家，無論其處在自由世界裡的地位上，無論其在反對共產主義的立場上，我們的問題所在，都不是在個人的有無自由這一問題上，而是在民族與文化的問題上。賢者識其大者，不賢者識其小者。在今天二十世紀這一個新歷史大潮流之下，我們還是來講個人自由，至少是不賢者之識小，而抹殺了時代的大問題。我們今天，要能發揚民族意識，發揚文化精神，才始是今天的立國之道，這才是能見其大。這樣的人，才可以叫作為賢人。能領導民族，能發揚文化，這樣的人，才是今天的大賢大聖人。現代中國史上，能擔得起此一大任的，便只有　孫中山先生。

因此我認為「民族與文化」這一個題目，該是研究國防中的一個最高最大的題目。一個國家的基礎，便是建立在其民族與其傳統文化上。這是現在二十世紀的新真理。當然再過幾世紀以後，文化交流，獲得新成就，世界逐漸融成一種新文化，或許異文化的界線泯滅了，異民族的界線也會泯滅。那時或將根本不需要再有國家分別，這也並非不可能。但這是將來的事，在我們今天而來研究國防問題，最中心最基本的，還該是民族與文化的問題。

# 第二篇　中華民族之成長與發展

## 第一章　中華民族之本質

### 一

講到「民族」與「文化」，這兩觀念，通常就有很多不同的說法。此刻只據本人個人意見講，文化只是人類集體生活之總稱，文化必有一主體，此主體即民族。如果我們說民族創造了文化，但民族亦由文化而融成。照此說來，亦可謂文化與民族是一而二，二而一的。那麼究竟是民族先創造了文化，還是文化先融凝了民族的呢？那就等於說先有雞還是先有蛋，這個問題，我們可以暫不去追求。但有一點值得我們特別提出的，即是某個民族曾創造了某種文化，而此民族卻已在歷史上退出了，僅是其所創的文化還保留在世界，由另一個民族來承接下去。因為世界史上常有這樣的事實，於是就產生了像德國史賓格勒文化悲觀的論調，認為文化也逃不了生、老、病、死的階段。即在最近，像英國史學家湯恩比，還是逃不了抱持一種文化悲觀的論調，他認為人類文化到達了某個階段，必然會僵化。

這種講法，由我們東方人看來總不易信。因為中國至少已有四千年的歷史記載，而其民族與文化之存在，則決不止四千年，這顯然是一個事實，似乎中國文化是可以長生不老的。可是西方人也不易承認此事實，他們愛說中國文化到戰國以後，秦代開始，已經僵化了，不再進步了。或者說中國文化從唐代開始，已經是第二期的新文化創始，而到現在又完了。這些可說是西方人戴上著色眼鏡來看東方文化，故而脫不了他們那套悲觀的看法。

我們今天以東方人立場，來討論人類文化，我們認為文化可以有兩種不同的體系。一種是某一個民族創造了某一種文化，而這個民族忽然中途夭亡了。最顯著的，如希臘，如羅馬皆是。另一種，像我們中國，不僅由中國人來創造了這一套中國文化，而又由這一套中國文化來繼續創造中國人。因此到了今天，中國人仍占世界上人口最多的比數。不僅古代的希臘文化羅馬文化不能把希臘人羅馬人擴大而綿延，即如今天的法國人英國人一樣依然有不能擴大不能綿延之隱憂。換言之，他們可能擴大他們的國家，卻不能擴大他們的民族。即如英國只有三個島，英格蘭與蘇格蘭及愛爾蘭。他們的大英帝國幾乎可以控制全世界，但始終不能把自身三島融合為一。這是什麼道理呢？從他們的根源上探討，這還是文化的問題。我們認為西方文化可以使他們的民族向外伸展，卻不能使他們的民族向內融凝。我們可以說中國文化之偉大處則正在這上面。孔子以前，中國人創造了中國文化。孔子以後，則中國文化又再創造了中國人。全世界更沒有另一民族另一文化，可以和此相比，這是中國的文化力量。這並不是我們故意誇大，這是根據著歷史來講哲學，有真憑實據的，並不是憑空立說的。這是我們今天根據全世界人類歷史之經過，來相互比較，而來定此文化價值的。這就是我們中華民族之特質，也就是我們中華文化之特徵。

## 二

在中國歷史過程中，和西方有一個很大的不同點，便是中國人的民族觀，似乎很淡漠，而且又特別。我們讀西方史，不論希臘、羅馬，乃及近代歐洲各國的歷史，他們對於民族的界線，分劃得清清楚楚。讀中國古代史，好像伏羲、神農、黃帝、堯、舜，一線相承，同是中國人。究竟我們中國民族開始是什麼一回事，我們已弄不清楚了。下到春秋時代，當時人心中的民族分野，有些處顯然值得我們注意。當時中國人自稱「華夏」，異民族被稱為「蠻夷戎狄」。但蠻夷戎狄同華夏，是不是一種民族界線呢？這就很難講。近代講民族的都注重在血統分別上，其實世界上並沒有一個純血統的民族，任何一民族都夾雜有異血統。而中國古人則似乎並不拿血統來做民族的界線，那麼中國人心目中的民族界線究竟在那裡呢？由中國古人看來，似乎民族界線就在文化上。這是中國古人一個極大的創見。中國古人，似乎早已看到，將來世界人類演變，必然會有不拿血統做界線，而拿文化做界線的新時代出現。而中國古人則早已抱有如此的看法了。

春秋時晉國獻公的正妃稱「大戎狐姬」，次妃稱「小戎子」，又有一妃稱「驪姬」。中國古代，男子稱「氏」女子稱「姓」。氏表示地緣職業關係，住在什麼地方，任什麼職業，就稱什麼氏。姓代表血統。狐是今山西省內一地名，住在那裡的人稱狐氏。此女姓姬，則代表她的血統。因此我們就可藉以證明山西狐氏是和周朝人同一血統的。照現代人觀念，同一血統，當然是同一民族。然而當時人稱她為大戎，就不像是同一民族了。又譬如驪姬，驪是山名，住在那裡的人就是驪氏。驪姬是那個集團裡的一女子。她亦姓姬，亦就和周朝人同一血統了。照理應該是和周人同一民族，然而當時人又稱此族為驪戎。小戎子，子和商代同姓，但也被稱為戎了。

當時人還有一觀念，認為「同姓相婚，其生不蕃。」這是說同一血統的男女互通婚姻，生下的小孩便不易長大。晉國姬姓，是周室的宗親，狐家實與同一血統。狐家的女子嫁給晉獻公，生了幾個孩子，晉文公便是其中的一個。在他未得國以前，稱公子重耳。重耳出亡在外，那時他已經有四十多歲，流亡十九年回到晉國，已經是六十多歲的人了，當時人認為是一種異徵。因為他父母同一血統，而能長大到六十多歲，這像是天意要他做一番大事業。

即從這一例證，便知中國古人的民族觀念，不拿血統分，而拿文化分。為什麼叫大戎、小戎、驪戎？因他們的文化和周天子與晉室不同。什麼叫文化？就是指他們的日常生活，吃飯、穿衣、一切方式，乃至宗教信仰等，有不同。孔子說：「微管仲，吾其被髮左衽矣。」頭髮裝束不同，衣服體制不同，這就變成為蠻夷人了。管仲尊王攘夷，夷是一種文化的界限，不是一種血統的轉變。因此後人講春秋，亦謂「諸夏而夷狄，則夷狄之。夷狄而進於諸夏，則諸夏之。」可見中國古代人觀念中的民族界線，是在文化上。只要是同文化，便成為同民族。異文化，也就是異民族。

「民族」二字，中國古書上沒有，今天我們只是拿西方名詞來用。語言文字便可代表人們的觀念。中國古人本沒有民族這名詞，現代我們同西方人接觸了，西方人有他們的極鮮明極強烈的民族觀念，我們回頭來讀中國書，才知中國古人並沒有這樣的觀念，至少中國人的民族觀和西方人不同。中國人注重在文化上，西方人注重在血統上。若我們也照西方人觀念，要問中國古代究竟有多少相異的血統來混合成為後來的中國人，那就不易細講了。據我想，我們只從中國古代歷史記載有多少個姓傳下來，約略可知當時他們中間血統之異同。至於後來歷史上的中國人，那就更難講。因為我們定要拿近代西方人的名詞，來講古代中國人的觀念，中間是很有膈膜，不易相通的。今天我們所講，則只說中國人一向對於民族這一觀念，是偏重在文化上，和西方看法有不同。因此西方人寫歷史，一定要詳細指出這一民族從哪裡來，到哪裡去，他們共分幾支，一一寫得清清楚楚。而中國人寫中國歷史，卻渾然只當同是中國人，不再細分了。這不是中國人頭腦不科學，只是中國人的文化體系和西方人不同。

## 三

「文化」二字，也是從西洋名詞中翻譯過來的。西方人的民族觀念，很早就有了。但他們的文化觀念，卻是近幾百年才有的。文化又稱為文明。這兩個名詞的定義，實在很難分析得清楚。大概我們譯西文 Civilization 為文明，譯西文 Culture 為文化。在西方大概是先有 Civilization 這個字，以後才有 Culture 這個字。Civilization 這個字，大概開始使用於英國，英國是近代新工業開始的國家。這個字的意義，像是指城市生活言。如這裡有了電燈，傳播到旁的城市，他們也裝了電燈。這裡有了自來水，傳播到另一城市，他們也裝了自來水。這裡有電話，慢慢的他們也有了電話。這種新的生活方面的東西，從這個地方傳播到那個地方，這是一種物質文明，就是所謂 Civilization。英國人自己認為當時他們的現代生活，逐漸向外傳播，引以為榮，而創用了這個字。

德國在近代史上，比英國稍落後。英國已很像樣了，德國還沒有成為一國家，只有普魯士和許多日爾曼小諸侯，但他們也已漸漸有了他們自己的一套生活方式和生活理想。後來共同成為一德國，他們不大願意採用英國人 Civilization 這個字。因為他們一切的物質文明落在後，而英國則起在先，一切從英國傳播到德國。德國人要表顯自己的成績，就另創一個字，即 Culture。Civilization 的字源，是指城市商業的。而 Culture 的字源，則是指田野農業的。農業耕種須從自己土地上生產。德國人認為文化是該由自己國土上生長，不是可從外面流播進來的。這個字的創造，也就是德國人自己在國際間爭取民族文化地位的一個內心表現。這兩個字，後來都變成為西方語言中普徧使用的字了。直到今天，什麼叫文化？什麼叫文明？有人加以區別，有人不加以區別，隨所喜歡而使用。這些我們不再去仔細講。在我們中國，早先看見他們用 Civilization，我們翻譯為「文明」。前清時代，便有文明戲、文明結婚等種種話頭，又常說文明人與野蠻人。到了後來，我們又注意到 Culture 這個字，譯成為「文化」，於是就有所謂文化人、文化界、新文化運動等種種話頭了。

其實 Civilization 和 Culture 這兩個字，都是很近代才有的，所以可說是他們西方人很近代才有的觀念。但我們拿中國古代早就原有的「文化」「文明」二字來翻譯，卻是很有意義的。我們《易經》上有所謂「觀乎人文，以化成天下」的話，所謂「觀乎人文」，「文」是指的什麼呢？簡單講，文就是花樣。譬如我們畫一條橫線，一條直線，一縱一橫，一經一緯，這就成為一個花樣，這就是文了。又如畫一條粗線，又畫一條細線，粗細相形，也是一個花樣。或者畫一條黑線，畫一條白線，又是一個花樣。人相處，有大人，有小孩，有男人，有女人，就有種種花樣。中國古人說，我們看著人相處的種種花樣，就可懂得如何把來化成一個天下了。即如我們有男人，有女人，男女可以配成夫婦，那就化成了家庭。家庭是社會的開始，所謂「人道造端乎夫婦」。夫婦生了小孩，有老人，有年青人，就有父子、兄弟。擴而大之，就有親戚、朋友、鄉黨、鄰里，這就造成了社會。再由此造成國家，又再上便造成了天下。所以說「觀乎人文，以化成天下」，這是我們中國古人的文化觀。

這種文化觀，可以說是有體有用的。人文就是一個體，就是一個客觀事實。因為人生是有很多花樣，並不是清一色的，有男有女，有老有小，有智有愚，有窮有富，有強有弱，有苦有樂，種種色色，這是人生的花樣，即是人文。人既然能在此花樣百出的人文中相安相處，就拿這個道理放大，就可以化成天下。這個天下是個各色人可以相安相處的天下，那便是文化的天下了。所以化成天下就是用。人同人的種種花樣，這是一個自然的體，也是一個文化的基礎。從這上面來化成天下，這是一個理想世界，這是一個人生最高的文化理想。我們認為這一個理想，並不是一套哲學，而竟是一套科學了。因其是根據著客觀事實，照著這個事實慢慢逐漸演進擴大而完成的。

人類相處可以終極完成為一個天下。此所謂天下者，就是天下一家之天下。

上面我們說到，中國人在古代就已有了一個文化觀念，而這個文化觀念卻和西方的不同。可以說西方人最先只講文明，「文明」兩字，已是西方近代的觀念。像我這裡有電燈，你學了，你那裡也可以裝電燈。我這裡有自來水，你學了，你那裡也可以裝自來水。因此我們這裡是開化的、文明的，你們那裡則是半開化的、野蠻的。你們那裡的文明是我們這裡傳播過去的。後來他們始有文化的觀念繼起，文化是自己生長的。譬如我們懂得拍電影，也可教別人，但這只是一種文明。因中國人拍電影，另有一套情味，如編劇、導演、演員的表情等，使各地所拍電影，各有不同，這該叫是文化。文化是有各民族的傳統個性在內的。

現在再講「文明」二字，此二字出在《小戴記》，所謂「情深而文明」。中國古人講文，有所謂天文、地文、人文。如日月星辰，四時運轉，這是天文。如高山深谷，水流山峙，這是地文。如男女老幼，智愚強弱，這是人文。「文」字涵義如此。但如何叫情深而後文明呢？文是條理，是花樣，是色彩。若使其條理很清晰，花樣色彩很鮮明、很光亮，這就是「明」了。一男一女配成夫婦，倘使這對夫婦相互間的情不深，馬馬虎虎，那對夫婦便像灰色的，甚至是黑暗的。所以說情不深便文不明。若使這對夫婦的愛情深了，夫顯得更像夫，妻顯得更像妻，那就是情深而文明了。我覺得在中國古人觀念裡，這「文明」二字，也是很有意義的。

## 四

我們讀古書，便讀到了古人的觀念。當知天下一切事，也不過從幾個觀念裡產出。世界人類文化之演進，以及各項科學的發展，最先都從人心中幾個觀念來。我上面所講，只是想從中國古人所用的幾個字面上來講出中國古人的幾個觀念。我們當知，人的觀念是有很大作用的。中國古人之所謂「人文」，在此一觀念中，便可包容人類生活的種種花樣，又消融了其間可有的種種壁障。譬如說，男女相處是人文，老幼相處是人文，當然中國人與外國人相處也是人文。異民族同在一起生活，這就在生活上多添了些花樣，多增了些條理。當時中國人忽然遇見了匈奴人，中國人心裡，並不認為華夏民族和蒙古民族血統不同，相互間必然要鬥爭，甚至於不兩立。只要能從文化上用功夫調和合一就得了。在中國古人的文化觀念裡，早就存有了我們今天所提出的，所謂「民族共存」、「文化交流」的意識了。人與人總可相安相處，推至於全世界人也可以相安相處。中國人的觀念中，可說是從我們個人，直到全天下全人類，是可以一以貫之的。所以有「中國一人，天下一家」的說法。這是說整個民族只如一個人，異民族相處，整個世界只如一個家。在這裡，中國古人只此「人」字的一觀念裡，已輕易地把「民族」和「國家」兩個觀念消融了。已輕易地越過了民族和國家的兩道障礙線，而直進到天下觀念中去了。中國人並非沒有民族觀和國家觀，不過民族和國家在中國人看來，都不是終極的，而僅是在過程中的。中國人所謂修身、齊家、治國、平天下，家與國僅是中間的兩階層。直從個人到天下，全可融凝合一。這是中國的文化理想，也是中國的文化精神。在這樣一種文化理想文化精神之下，民族觀念就不會很堅強、很鮮明。

我本想講完了中國民族，再講中國文化。可是這中間很難分得清，所以在講民族時就已連帶講到了文化。這是中國人很古就有的一種文化觀念，正因中國人一開始就抱有這觀念，所以中國的文化可以永遠擴大。民族可以共存，文化可以交流。慢慢地就化出新的民族新的文化來。我們看春秋戰國的歷史，就可證明中國古代人早就努力於這一工作了。當然在當時，顯然有許多不同的民族的。如春秋時代之楚，中國人就不當他們是同一民族的。戰國時代的秦，中國人也不當他們是同一民族的。當時都稱他們是蠻是戎。到了秦漢統一，中國就是一個中國，秦人楚人全成為中國人，這就是文化擴大，民族融凝了。

普通我們講秦代統一是靠遠交近攻的外交和軍事，實際上這很難講。因在戰國時，那些國家，如衛國，建國的歷史，比現在的英國還長。其他如宋、如燕、如楚，至少也都有八百年歷史。短的如趙、韓、魏，這是由晉國分出來的，也都有三百年歷史，比現在美國的歷史還要久，比現在的德國、意大利也要久。我們拿現代人的觀念來講當時秦代的統一，這真不是件易事。在現代科學發達，有原子彈、氫彈，但世界分裂愈甚。近幾百年來，西方的帝國主義和殖民政策，並沒有把他們的殖民地融凝成一個新民族，開展成一種新文化，造成為一個新天下。可是中國到了秦代統一，就已是所謂「車同軌、書同文、行同倫」，把整個中國化成了。車同軌還容易，書同文的問題就大了，行同倫就更麻煩，這才見中國人的文化理想和文化精神。

現在有許多人習稱秦漢統一為秦帝國和漢帝國。其實這個稱呼我們絕不該隨便用。羅馬始是一帝國。羅馬人征服了希臘、埃及、波斯，但羅馬人還是羅馬人，希臘、埃及、波斯人還是希臘、埃及、波斯人。羅馬人打到了法國、英國，只是侵犯到那些地方，征服了，統制了，羅馬所以稱帝國者在此。近代歐洲的帝國主義，就是接受了羅馬文化的傳統。至於中國秦漢時代之統一，並沒有這樣的形勢。漢朝人打天下，並不是說江蘇人打倒了陝西人。即說秦代統一，秦始皇帝所用的宰相並不是秦國人，所用的大將軍也不是秦國人。李斯是楚國人，蒙恬是齊國人。秦始皇帝的兒子，也同在軍中服役。秦始皇帝受盡後人唾罵，但當時中國的政治，早就進步了，文化理想早在化成天下的途程上逐步進趨了。這不是我們有意地誇大。當知人類一切進步，決定在其最先的觀念上。觀念不同，便出發點變了。出發點變了，便一切也都變了。人類的一切創造，主要在其觀念上，其他的進程很簡單，自然會水到渠成的。

## 五

照上面的講法，中國到了秦漢統一，已經就是一個民族國家了，只要在中國這個疆土之內的，就全成為中國人。所謂中國人者，就是同在一個中國文化中陶冶而成的。車同軌、書同文、行同倫，就是同一文化。

我們當知，西方古代有希臘人，有希臘文化，而並無希臘國，這就是希臘文化不能同中國文化相比的地方。後來有羅馬人，有羅馬文化，有羅馬國。然而所謂羅馬國者，其實限於羅馬一個城。他們征服了意大利，征服了地中海，成為一個帝國，羅馬只是一個征服外圍的中心。在中國歷史上則並無帝國出現，秦、漢、隋、唐、宋、明都不是帝國。今天我們隨便拿西方人所有的帝國觀念用到中國歷史上來，這是極大的錯誤。這等於說專制和封建等。中國政治並無專制，而我們偏要把西方的「專制」二字用在中國歷史上。中國社會並無封建，而我們偏要把西方的「封建」二字用在中國社會上。

今天中國人種種思想觀念的衝突，其實有許多只是語言文字上的過失。我們拿西方人的觀念譯成為中文，而一時又裝不進中國人的腦子裡去，舊有的與新來的雙方起了衝突，而我們並未自覺到。所謂專制政治、封建社會、帝國政府等這些名詞，都是從西洋翻譯來的，而硬裝進到中國歷史上去。我們就被這些名詞混淆，把自己的觀念愈搞愈糊塗了。

## 第二章　中國社會之形成

一

我們上面講中國文化抱有一個化成天下的理想，在這個文化理想中，就出現秦漢統一的局面來。當然秦漢統一了中國，羅馬也統一了歐洲。但是這裡面重要的不同點，卻不在政府而在於社會。在中國統一政府之下，是一個中國社會。在羅馬統一政府之下，則並不是一個羅馬社會，同時還有埃及社會，希臘社會，種種不同社會之存在。上層是統制者，下層有各式各樣的社會被統制。我們此刻所應注意者，不在當時政權之如何統一，而在當時社會之如何融凝、發展，和合到一個同一形式上去。

近來我們講中國文化，大家愛從哲學思想上講，我認為這是不妥當的。文化有一個客觀的事實存在在那裡，我們講文化該針對此事實，不該只拿一套思想或理論來作平衡。我上面說過，我們該從歷史來講哲學，不該從哲學來講歷史。同樣道理，我們講中國文化，應該有兩個重要之點。

一是從中國歷史講，一是從中國社會講。這都是具體客觀的事實。這才能講出中國文化之真相來。

從歷史看，各時期的社會，不斷的有著變化。從社會看，眼前的社會也不是頃刻間偶然形成的，我們應當注意它從來的歷史。社會並不是一個平面的。譬如一個園林，這裡面有幾天產生出來的草，有幾月開放出來的花，也有幾十幾百年長成出來的樹木。在同一空間裡，包孕著種種不同的時間。社會的形形色色，亦復如此。有些是新興的，有些是舊傳的。社會便是一個歷史的結晶。已往的歷史，滙成了眼前的社會。所以我們講中國文化，應該著眼在這兩個客觀具體的事實上，即從歷史和社會來認識中國文化，始是客觀的、具體的，而並不是從某項理論或個人的哲學思想所能推測想像的。

## 二

現在我們講中國社會是怎樣組織的？此處用「組織」二字，也是新起的，從西方傳入的一個新觀念。更恰當些，不如說是怎樣形成的？這個問題，我們又得先從觀念方面來講。西方人講社會，常拿個人與社會分作兩觀念來互相對立。也有人說，西方歷史就是這兩個觀念交替變動的歷史，某些時期是個人觀念站在社會觀念的上風，某些時期又是個人觀念站到社會觀念之下風了。拿今天情形來講，我們也可說，自由民主世界比較看重個人自由，而共產極權世界則比較著重社會群體組織，這就是他們所稱的大眾了。也有人拿今天的共產黨同中古時期的天主教相比，說共產黨有大部分是從教會組織的傳統蛻化而來的，這也未始不可如此講。可是「個人」二字，中國從前沒有，「社會」二字，中國從前也沒有。因此我們可以說，從前中國人對這兩個觀念，也是淡漠的，不顯明的，亦可說是不存在的。以前嚴又陵譯英國穆勒約翰的《自由論》，他譯為《群己權界論》。他用「群」字來代替「社會」，用「己」字來代替「個人」。「群」「己」二字是中國原有的，也可說這是中國人本有的觀念。群和己同屬人，而不見相對立。中國社會，常說是造端乎夫婦，從夫婦而有父子，有家庭。所謂修身、齊家、治國、平天下，拿今天的話來講，家庭即是一社會，國家也是一社會，天下也還仍是一社會。中國人觀念，還是從人到天下一以貫之，因此不認為社會是可以與人作分別而存在的一體。換言之，中國是以人的觀念來消融了個人和社會對立的兩觀念。家庭、國家、天下，在中國人觀念中，無寧仍只是人與人相處，絕沒有一種互相對立的觀念。

一切社會之形成，在中國人認為有一重要原素，即是「道」。所謂道者，則只是人與人相處之道，亦即是人人共行的一條路。若說人人共行，便與現代西方人所稱「自由」二字義有分歧。我想這個「道」字，比較很近於近代我們所講的「文化」二字。不過現代西方人講文化所指是現實的，如我們說西方文化、東方文化等，那都是具體而現實的。而中國人所講的道字，則不僅是一個具體存在的現實，而還包括一個向前行進的價值和理想在裡面。西方人思想，總喜歡把事事物物一件一件分開講，分析得清清楚楚，再用來互相比較。因此他們認為事實是事實，理想是理想，不易相混淆。中國人思想則不大喜歡太分析，毛病是籠統，長處在綜合。因此我們中國人一向講的那個「道」字，雖說很近於今天西方人所講的「文化」二字，但道字是既屬具體，而又另寓有一種向前行進的理想和價值在裡面的。

中國人觀念中有天道，有人道。所謂人，所指是很籠統綜括的。如說中國人、英國人、美國人，同樣是一人。這個「人」字的觀念，在中國文化觀念中是非常重要的。我們不喜叫什麼民族，如英國民族中國民族等。若用民族二字，便見中間有隔閡，若單用一個人字，便不見隔閡了。如說中國人，英國人，便只都是人，不見有隔閡。我們只在日常所用的語言文字中，便可了解他們的內心觀念。這個人字，中國人幾千年來沿用到如今，在我們平常講這個人字時，那一共通和合的觀念，便附在我們的心頭，根深柢固，拔不掉，洗不乾淨了。而我們自己則習以為常，並不清楚地意識到。現在再拿外面其他民族的觀念夾進來，我們就會感得糢糊了。

我們這一百年來走了種種錯路，使我們惶惑迷惘，進退失據，原因都在這些觀念上。我們把西方話同中國話夾雜在一起，把西方人的想法同中國人的想法夾雜在一起，一時分別不清，就易出毛病。即如我上面所說，中國人一向看重道統與文化，其意義與價值更在其看重血統和民族之上。近代中國人，便為此所誤，看重西方人，崇拜西方人，把自己祖先傳統看成一文不值。而實則西方人是看重民族血統，更過於其看重文化道統的。我們愈自謙恭，他們愈自驕傲了，更把我們看得一文不值。這不是當前的實際情況嗎？

倘使我們能拿中國人原有的想法一起洗刷了，從來就讀英文，不許認一個中國字，不許講一句中國話，這樣便可比較容易接受西方化。但你又不能縱身跳在中國社會之外，仍得跑進中國社會來，則便仍有更多麻煩了。即如「個人」與「社會」，這兩個名詞，我們今天常常講，而這個「人」字在中國人腦筋裡久已發生了很大的影響。其實這兩觀念，是有很大不同的。中國人所謂「人道」，就是一種人與人相處的道。家庭，國家，與天下同樣是人與人相處，這在中國人的觀念之內是可以一以貫之的。人與人相處，總有一條路可以走得通，這路或者這個道，具體的另拿一個字來講，就是「仁」。人與人之間，相處而得其道，這就是仁道。仁者，人相偶，這便是兩個人成一對偶了。

前面我們講過，一條粗線和一條細線，或者一條直線和一條橫線，這都叫文。兩個人相處，這就是人文，有文便有條理，有了條理便有道。這個道，中國人稱之為「仁」。仁是發於人心的，因此這個仁道與仁心，也就是人的心。我們兩個人相處，你了解我，我了解你，大家處得很舒服，很愉快，這就是人道。也即是仁道。若有一個人不愉快，不舒服，那就是不仁，即不合人道了。

若只照我們中國的道理來講，似乎很簡單。一切道理本於心，出於心，由人心就發展出人道。家庭、國家、天下都在內，又哪有個人和社會間的對立呢？

可是我們又不能拿西方人的哲學來說中國這套思想就是惟心論。我們不能把中西方思想模糊混合在一起。因為西方人所講，他常是把自己自身站在一邊，來看外面這個世界的。於是有所謂宇宙的本質原始是一個心或者是一個物的爭辨，這是他們的哲學。中國人則把人自身裝進人群乃及宇宙裡面去，把知識和行為打成一片來講。你有心，他也有心，人心相似，雙方調合，通得過就好了。因此中國人所講的，並不像西方人般成為某一套哲學，既非惟心論，又非惟物論，根本不相干。這個外面世界究竟是什麼？它是怎樣來的？將來會到那裡去？它的本質是什麼？這些討論，不僅成為西方的哲學，即就如西方的宗教和科學，也都從這樣討論裡面產生。而中國人只說我們處世該走一條什麼路，雙方問題不同。我們的思想，只是要解決眼前自己切身的問題，是落實的，不肯懸空的去想。這就和西方人大大不同了。

西方人的看法和想法，都是喜歡向外的，因此西方社會就特別看重「富」與「強」。富與強都是外面的存在，我們生在這個世界，就是為了要富，而且又要強。但富強無止境，富了還可富，強了還可強，如是無限追求，在西方人有所謂浮士德精神。德國一個神話裡的浮士德，他是永遠不滿足，無限向前的。帝國主義資本主義的後面，就有這種精神存在著。即如今天的共產主義也一樣，也仍是無限向前的。西方宗教家的傳道精神，仍是這樣無限向前的。

中國人的社會理想則不同，中國人主要講「安」與「足」。由中國人看來，也可說近代西方社會是強而不安，富而不足的。富了，永遠不滿足。強了，永遠不安定。今天的美國人，你說他安嗎？足嗎？前一時期的英國人法國人，你說他安嗎？足嗎？他們總是感到強而不安，富而不足。為什麼呢？就因為他們的精神是向外的。中國人不這樣，中國人常主反而求諸己，是向內了。因此得了一個「己」字的觀念，要安就得安，要足就得足。只在一己的心上求，哪有不得的呢？但這樣的社會，亦並不是個人主義的。亦並不是惟心主義的。

我們總不要隨便把西方觀念同中國觀念混起來，我們也該懂得分析，懂得比較。俗話說：「不怕不識貨，只怕貨比貨。」兩件東西拿來一比，便知其相異在哪裡。西方文化和中國文化，有相異處，我們不要輕下褒貶，不要急切地來評判他們的價值高低，我們要先知道他們的相異之點究竟在哪裡。這樣我們就認識什麼是中國文化，什麼是西方文化了。

## 三

因為中國人根據了上述這樣一種觀念來形成中國社會，所以中國人一向不大看重為個己謀利的經濟問題。衣、食、住、行，這是人生的大問題，可是衣、食、住、行的尋謀，不應妨礙了人生之大道。故說：「君子謀道不謀食。」講到政治，中國人說「天生民而作之君、作之師」，政治也是不可缺少的，然而政治也不能妨礙了人生之大道。

中國人所謂人生之大道，就是講齊家、治國、平天下。這個「治」字，今天我們講成統制的意義，是錯了。治字是導水使平，合乎水性的。夏禹治水、導水，是使水沿著一條路，向一個方向走，符合乎水流向平的本性。齊家的「齊」字更是一個平。父子、兄弟、夫婦，相互間都該是一個平。因此我們可以說平家、平國、平天下，一切總求平。

有人說中國人講孝就不平，其實並不然，父慈子孝仍然是平。但要講做人之道，應該在人人都有一己的分上講，不該專對一方面人講。每一人都得做兒子，不能不做兒子就成了人。可是每一人不一定都做了父親。因此我們講慈道，便有人沒有分。講孝道，便沒有一人不在內。而且我們講慈道，至少那人該到二十歲上下結過婚生了兒子以後才有資格向他講。到那時始來講做人之道，豈不太遲了。講孝道，則一生下就在做兒子，就有分可以向他講。縱使將來父母死了，但在你心上還有個父母，還是一般的。而且中國人講的孝，也並不是從一套哲學一套理論中特地創造出一個孝字來講的。這個孝字是從人心裡的某些具體事實提出來講的。小孩子對父母總有一點孝心，不能說任何一小孩對父母一點孝心都沒有。我們也並不是說人心就是一個孝，只說他總有一點孝心，就該從這一點孝心把來擴大，將來治國平天下的心也都在內了。因為心是一個的，從這一點可以慢慢擴大到那一點。你做子女懂得孝，做父母自會懂得慈，將來處社會也就會懂得仁。仁也是人的心，此心遇見父母是孝，遇子女便轉成慈，遇見朋友又轉成信，其實只就是那一個心。這個心從哪裡來，那就不得不說是與生俱來的。這都有眼前事實可證。

所以中國人講人道，是合於科學精神的，因其是拿一個具體事實來講，你仍可在具體事實上去作試驗。家庭就是你的孝的實驗室。你試照那套道理去做，試看行得通與行不通，你可自己時時去實驗。自家擴大到國，到天下，只是這一個道理，也只是這一個心。也許有人說，我的父母冥頑不靈，叫我怎樣去孝呢？我們要知道，事情向外看，有得或有失。若反向自己心上看，則可有得而無失。求富強，是求在外的，有得有不得。求安足，求在心，則有得無失。我們講孝道，孝就在我心內，所以也是有得無失的。

這個道理再講進一步，似乎好像有些不近人情了。譬如說餓死吧！中國人會說餓死也心安，豈不有些不近人情嗎？但餓死也心安，也是確有此境界的。此只是講到最後，所謂推理至極的地步。你不能專抓著這一步來批評中國人所講做人的道理。但若你真到了這一天，真到了這一步，我相信你仍會覺得中國這個道理是對的。就因為這個簡單的道理，中國才能形成直到今日一個可久可大的社會。

# 四

現在再講希臘文化，它是偏重個人主義的。羅馬則是偏重集體主義的。今天的西方，把此兩種傳統配合在一起，而未獲得恰好的調和。有時是希臘精神，有時又是羅馬精神，有時則兩種精神都混雜著。個人主義和集體主義，常在西方社會中引生起無窮的反復與爭端。照理社會由個人而成立，個人得社會而存在，此兩觀念不應對立。若把個人與社會兩觀念相對立，則此社會決不得安。

中國人根本沒有個人與社會對立的觀念，這是中國一長處。有一天我同一位澳洲人談話，我說香港人口這樣多，澳洲為什麼不肯開放，讓香港多移些人去。他答覆得很坦白，他說中國人很可怕。我說中國人去澳洲，都是些苦力，幫你們開發，僅求溫飽，有什麼可怕呢？他說中國人當勞工跑到澳洲去，將來他的兒子會可以做博士，我們不能在澳洲平添許多中國博士呀。他這話很有理。這也代表了中國的文化精神。自己節衣縮食，刻苦度生，卻把全部力量來培植兒子進學校，這在中國人看來，是件尋常事。照西方人觀念，兒子長到某個年齡，該獨立了，父母不再負責栽培他。這就見雙方觀念不同。

這並不是說中國人的好，西方人的不好。中國人家裡有了幾個錢，兒子就可以做寄生蟲。外國大富豪的兒子，也還同一般人一樣。他們有他們的一套，我們有我們的一套。有一次我在新嘉坡講演，我說中國人跑到新嘉坡，大多數是隻身流亡去做苦工，但現在新嘉坡社會變成中國社會了，這是什麼道理？只因每個中國人去新嘉坡，並非隻身去，還帶著中國文化一同去。講得簡單一點，他去的時候是一個中國人，去了以後仍是個中國人，中國人到的地方，自會成中國社會。「中國社會」、「中國人」、「中國文化」，本就是連貫成套的。

如何才叫中國人呢？這比較地難講，但中國社會則到處都差不多。在歷史上，中國人同外族接觸也很多。外族跑到中國來，尤其像五胡亂華、遼、金、元、清幾時代，他們曾搖動了中國的政治，但並沒有搖動得中國的社會。那時我們是亡了國，可是我們沒有亡天下。顧亭林曾說，有亡國，有亡天下。亡國只是亡了政權，亡天下就是亡了人道，亡了自己的文化傳統。當時我們雖亡了國，但中國人還存在，中國社會也依然，但那時顧亭林也只說到亡國，並沒有說亡天下滅種的話。亡國滅種這句話，要到清朝末年民國初年才有許多人來說，這因我們碰到了西方人，才開始感有滅種的害怕。今天大陸中共對付西藏，西藏人也說他們要滅種了。從前人普通想不到滅種這會事。其實亡天下是亡了道，亡了社會，到那時，人是還存在，而社會已不是這樣的社會，人生也不是這樣的人生了。假使道亡了，中國人這個天下也就算亡了。中國文化已滅，中國人也該算亡了。因此我們說中國文化力量之強，不強在它的政治，而強在它的社會。中國社會之強，也不是強在它的經濟與武力，而是強在它有一個道。此即中國人所謂人倫之道的道。

中國社會有一個很特殊的地方，就是中國社會主要乃是由人與人之道而形成的。人與人相交有道，乃可不仗法律，不要宗教，而常得相安。西方社會則不然，少不了要一個教堂和一個法堂，少不了要有牧師和律師。中國社會從開始就不要教堂牧師和法堂律師，而可以形成一個綿延長久，擴展廣大的社會。這靠什麼呢？就靠中國人講的這個簡單觀念，就是所謂「人」、「人心」和「人道」了。人心、人道，表現在中國社會之各方面。譬如講建築，中國人造房子，四面用圍牆圍起，從大門進去，一家包在裡面，這亦是向內的。西洋人造房子，四面開著窗，這顯是向外了。中國人的房子可以一所所接過去相互間不感有衝突。西洋人的房子須得一座座分開。中國人跑進房子，說是他的家，就安心住下了。西洋人跑進房子，還要四面向外看，這是他的堡壘。一個向內，一個向外，正可象徵兩個文化體系之不同。因其各自向內，反而可以一路路排過去。向外的，便得要排除外面，俾可獨立，一所一所房屋，各自分開，愈相遠離愈好。你向外，我亦向外，你看著我，我亦看著你，窗子對窗子，似乎各受著壓迫，於是中間就定要隔一個距離。這邊的天地是我的，那邊的天地是你的。天地雖大，卻像分裂了。中國人的建築，先把自己藏在一個小天地裡面，相互間反而可以安，可以和，外面不須再隔離。西方人的建築，一定要相互有一個距離，可是世界雖大，不可老求相互距離。我們的國防線定要和你們的國防線有一距離，大家要把四圍國防線推向遠去，這世界又怎能這樣大呢？

西方人畫一幅畫，眼睛看著外面那實物，一筆一筆照著畫，他以為如此可以得真，其實這個真並不真。至少此刻的陽光，已不是前一刻的陽光了。中國人作畫，他先面對此實物，把此實物看進心裡，然後再把心裡的畫出來。譬如畫一山，今天看山，明天看山，或者到山裡住多少時，某一天高興，就畫成一幅山。畫上的那座山，不是當前面對的那座山，這是那座山跑進他心裡面，然後再畫出來。中國人和西方人，在心理上向內向外如此般不同。科學發現似乎定要一種向外精神的。可是人類相處卻不能如此，一定要一種各自反求諸己，盡其在我的精神。

## 五

中國社會到今天，正遭受了一個極大的災難。諸位知道，今天大陸所創的「人民公社」，這可以說和中國人幾千年來的文化傳統根本相反了。讓我們儘寬容儘和平地講，今天大陸中共是在推行馬列主義的一套哲學，他們認為這一套哲學是可以運用到人生方面的。他們也是向外尋了這一套哲學來實施，也可說他們是接受了西方思想的。西方人常想把他們各自發明的哲學運用到人生方面來，中國人則認為要從人生現實來產生哲學的，不是向外尋得了一套哲學來裝入人生的。

我們這樣講，並不是反對西方人講哲學。西方人講哲學，常是在講堂上講，在書本上講。各成一個學派，卻從來沒有人真做了哲人王。一旦哲學家拿到政治大權，那就不得了。像柏拉圖的理想國，豈不是一套出名的哲學嗎？他若來做了皇帝，他做的事怕比現在的共產黨更可怕。他主張一個小孩生下來就要派專家來作主，此孩該當軍人，或種田，或其他等等。人的一生，全不自主。但西方人永遠崇拜柏拉圖，永遠想要有一個理想國，永遠羨慕能有一哲人王。今天的列寧、史達林、毛澤東，他們真來建造了理想國，他們自己來當哲人王，柏拉圖的夢想真實現了。這因西方人講真理常認為真理在外面，他們要把外面真理安放到人生來。

中國人認為真理在我心，在社會，在人類自身。中國人這樣講真理，並不是運用思想得來的，中國哲學不重「思」而重「觀」。所謂「觀乎人文以化成天下」，只如實地觀，這是一種科學精神。今天我們還能看到一個中國社會，諸位當對此社會仔細看，不要先存心看不起這社會。我們能看中國社會，就能懂得中國文化。

馬克斯講歷史，把社會分為奴隸社會、封建社會、資本主義社會、共產社會這幾種。他這個分法有毛病，因他只看重經濟，而把旁的方面忽略了。當然用他的話來講西方歷史，也不能說他無所見。他把希臘、羅馬的社會叫做奴隸社會，也不能定說他錯。但只用「奴隸社會」四個字，不夠說明希臘、羅馬的一切，因此這一說法對歷史學上貢獻並不大。下面他說的封建社會、資本主義社會，這一節，西方人講歷史也不得不接受，這算他是講對了。所以現在一般西方人講歷史，也只能拿他的話來講。這是說，中古時期在西方是封建社會，下面就變成資本主義的社會了。可是馬克斯的歷史知識，僅知道西方，不知道東方。他以一概萬，認為西方如此，東方也必然如此。但人類歷史是否都依照著同一條路線向前呢？

由於勉強要把馬克斯的理論裝進中國史，於是大家要問中國社會，究是一個什麼樣的社會？有人說是一個封建社會，有人說是一個前期資本主義社會。當然這種講法並不足以說明中國社會的真象。但有人要反問，既非封建社會，又非資本主義社會，則究竟是什麼一個社會呢？我們亦可說，喜歡創造名詞是西方人一個長處，也是他們一短處。人所創的名詞，未必對外面事實定會全正確、全恰當。名詞創出以後，便好像確有這東西存在，而把自己的觀念外在化了。中國人不大喜歡創名詞，這也有困難。如講政治，依照從前法國孟德斯鳩的說法，有君主，有民主，這是所謂國體。有立憲，有專制，這是所謂政體。於是有君主專制，有君主立憲，有民主立憲，這三種不同的政治。他這樣分法本不錯，但他也是根據他所知道的西洋歷史來分析的。若把此分法移到中國來，中國有皇帝，無憲法，又無國會，依他分法，那麼當然是君主專制了。但實在論，中國的政治，是有皇帝、無國會、無憲法，而又非專制的。那麼這該叫做什麼政體呢？西方人這樣問，我們一時會回答不出來。這因於中西學術文化交流，我們該根據中國自己實情，仿照他們來創造新名詞。他們有一套，我們亦有一套。他們不懂得，我們才有話講。此刻因我們沒有那一套名稱，人家說你既非封建社會，又非資本主義社會，那麼你究是奴隸社會抑還是共產主義社會呢？你說都不是，他問你們究是什麼社會？我們就感得沒話講了。你說中國既非專制，又非民主，有君主，無憲法，你們這套政治叫什麼政治呢？我們又沒有話講。因此在歷史上創立新名詞，這是今天我們學術界一項急切要做的工作，而這番工作是不容易的。我們一大批知識分子讀西方書，拿西方的名詞觀念來看中國，把中國事情硬裝進西方觀念裡去，這個毛病實在太大了。

## 六

我本人想提出一個新名詞來說明中國社會，這個名詞西方沒有，這正可表現中國社會和西方社會之不同。我想稱中國社會為「四民社會」。士、農、工、商，謂之四民。中國社會的特點，就是包括這士、農、工、商四種人。這並非階級。階級這觀念，中國人也沒有。士、農、工、商在中國叫「流品」。流品這個字，西方也沒有。凡屬中國有而西方沒有的，急切要翻譯成一個西洋字，這很困難。把我們固有的名詞向他們講，很難使他們了解。同樣道理，西方有的而我們沒有，我們也只能生吞活剝。現在許多事情，正因為我們並沒有弄清楚他們的，而偏要生吞活剝拿他們的東西硬往中國人腦筋裡塞，這就產生了許多大毛病。即如士、農、工、商中的「士」，這種流品，在西方社會是沒有的。士並不就是讀書人，也不就是知識分子。要明白士的一流品，一定要把中國社會具體而詳細地解釋，始得會明白。

「封建」二字在中國是原有的，但中國的封建二字是講的政治。譬如周公封建，這是政治上一種制度。古代中國是封建政治，秦以後是郡縣政治，這種制度西方人不懂。西方的國家，或是帝國，或是市府，他們所講的封建，是社會體制，非政治制度。中國人把政治制度上的原有名詞來翻譯西方人講社會體制的那一名詞，於是就發生了很大的混淆。中國的封建政治自上而下，是一個整體的。中央政府天子封建諸侯，公、侯、伯、子、男。西方的封建社會是小地主、大地主，由下而上的。到後來法國盧梭的《民約論》，所謂契約政權，就是根據著他們的歷史即封建社會的情況來講的。實際上，西方的政治史也並非真從民約開始，盧梭所說的契約政權，只是根據他們的封建政權而來的。西方的封建是自下而上的，只是那個最高的寶塔頂沒有結成。所謂神聖羅馬帝國，是有名無實的，他們的封建社會向上建造，沒有造成就垮臺了。封建社會垮臺，於是有近代的所謂資本主義社會。這裡面重要的轉變，是在城市興起。意大利、全地中海、北方的德意志、波羅的海，開始有了許多小的自由城市的工商業。這並不在他們封建體制之內的，在這裡面有中產階級興起。以後的文藝復興、資本主義，都從這些自由城市中產階級中產生。所以西方中古史裡的所謂城市興起，是西洋史上一個極大的轉捩點。但我們拿這一點來看中國史，則又遠見其相異了。

中國史上的城市是遠有根源的。如廣州，從秦代就有，到現在還存在。廣州當然是一個工商業中心，是一個大城市，這個城市至少有兩千年的歷史。又如我的家鄉蘇州，從春秋戰國一路下來，直到今天還是一個大城市。南宋初年，金兀朮南下，蘇州人死了五十萬，這個城市之大就可想而知。唐朝末年黃巢之亂，寄居在廣州的外國商人，有大食人、波斯人、阿拉伯人，死了十萬人。一個城市裡的外國商人到十萬之多，這是一個多麼大的城市。

我們從《左傳》上看春秋時代，中國就至少有幾百個城市。到秦以下，就有一兩千個城市。城市在中國同時是政治中心又兼工商業中心。若說城市興起，就是封建社會破壞，那麼又怎說中國社會到今天還是一個封建社會呢？拿這個道理和西方學歷史的人講，很容易講通。城市興起，商業中產階級存在，就不可能有封建社會。有了一個統一政府，也不可能有封建社會。無論從政治上講，從經濟上講，中國很早就不是像西方般的一個封建社會。這是淺而易見的。而近代中國學術界爭吵了幾十年。到今天，雖然我們並不主張接受共產主義，但還有許多人在那裡講中國社會是一個封建社會。因若不是封建社會，就該是資本主義的社會了。而中國社會又決不可說其是一資本主義的社會，於是只好勉強說其是封建社會了。

學術不獨立，自己不知道自己，各憑意氣與空想來掙扎國家社會之前途，那是夠危險的。此刻除了外國人講法，我們似乎沒有自己的話可講，除了外國人觀念，我們似乎沒有自己的觀念。

外國人怎樣看，我們也怎樣看，外國人怎樣講，我們也怎樣講。我們等於是一瞎子，是一啞吧。若真是瞎子啞吧倒還好，我們是有眼睛不會看，有嘴巴不會講。我們只照人家所看所講，而不能照人家所做。根本毛病就出在這裡。若我們真能全盤西化了，那也好。但這終是不可能。因我們這個社會究竟不是他們那個社會。究竟仍是我們中國的社會。我們中國人究竟不是西方人，乃是帶有與生俱來中國自己的文化背景。

我們說中國社會是一個四民社會，早已包括有工商人在內。西方封建社會則只有地主與農奴，這顯然有不同。也許有人又這樣問，西方由奴隸社會變成封建社會，由封建社會變成資本主義社會，資本主義社會現在又要變成共產主義的社會，但若說中國社會是一個四民社會，該從何時候開始呢？若說從秦代開始吧，為什麼到現在還是一個四民社會呢？為何這社會無變化，無進步呢？讀西洋史的都知道，希臘以後有羅馬，羅馬亡了就變成中古時期，於是又產生現代國家。西洋史逐步有變化。中國則秦、漢、魏、晉、南北朝、隋、唐、宋、明、清，都是一個皇帝，一個政府，究竟變化在哪裡？進步在哪裡呢？於是我們對於一部二十四史就只有簡單一句話，說秦以下兩千年，是一個專制政治，是一個封建社會。或者說秦以下這兩千年的中國就不再進步了。也有人說，中國的歷史專講漢高祖、唐太宗等，是在講故事，講帝王家譜，不是在講歷史。只為不肯認真去看歷史，那些話便像都對。此刻我們稱中國社會為四民社會，只表示我們這個社會和西方社會之不同。

進一步來講，這一個四民社會也有它的變化，還該分成幾個階段來講。我們該根據此四民社會觀念，來分析中國社會兩千年來的各種形態之演進。這不是我個人要這樣講，並不是我想標新立異，自我創造。當然中國歷史上並沒有講過這樣社會和那樣社會那些話，但我也決不是想來憑空創造，我不過想給已往的中國社會歷史演變，加上一些名稱。把中西社會之相異處抉露出來，使大家都明白。此後再有人來綜合中西歷史，加以新觀念、新講法，這樣始算得亦是一種文化交流。今天的我們，該把中國的東西也讓外國人知道，然後才能進一步講出一個世界性的東西來。此刻的世界，有東方、有西方。中國的究是些什麼，我們至少要得明白告訴人家。將來做綜合工作的是中國人抑是西方人，我們不知道，可是至少第一步工作，我們該拿中國的告訴西方人。不能僅到西方去學一點皮毛，硬裝進中國來，裝不合式，就說中國的不對。單憑西方觀念來看中國，中國當然不對。頭髮為什麼不紅？眼睛為什麼不綠？皮膚上為什麼沒有毛？總之，我們應對我們自己本身有智識，應有我們自己本身的立場。

## 七

在四民社會中，「士」的一流品最難講。士是什麼呢？他在社會上負著什麼一種責任呢？我們中國的所謂士，並不像西洋的教士，也不像西洋的律師，或現在的專家知識分子之類。這個士的意義，西方人很不容易懂。但中國社會四民之首便是士，中國歷史上社會變動，主要就變動在士的這一流。士的變動可以影響到整個社會的變動。農還是農，工還是工，商還是商，當然也可有一些變動，不過這些變動小，而士的變動來得大。我們根據中國歷史上士的變動，可以把中國社會分成幾個階段。

戰國時代，中國社會可稱為「游士社會」。在這個時代裡，「士」是一個新的流品的開始。古代封建政權之破壞，就破壞在這士的新流品之興起。中國古代的封建政治，上面是天子、諸侯、公、卿、大夫，是貴族，下面是平民。在貴族與平民中間，還有一種士。孔子就是一個士，士的流品，在中國社會裡發生重大作用，即從孔子始。所以《論語》裡也多特別講到這個士。孔子以後，諸子百家群興，他們全是士，士流品得勢，貴族階級被推翻，中國此下就變成一個四民社會。所以孔子在中國歷史社會以及整個文化系統上，他本身已經發生了一種極大的影響。我們不能僅認孔子為一思想家，也不能把孔子當一個教主，孔子之偉大，就因他是中國此下四民社會中堅的士的一流品之創始人。

兩漢時代的社會，我們可稱之為「郎吏社會」。「郎吏」二字更難講。我有一位朋友，最近有一次到歐洲去出席漢學會議。他要講中國的歷史分期，他採用我這個講法去講，他因郎吏二字西洋沒有，也不可能翻譯，所以他換一個名稱，叫做選舉社會。不過這選舉二字，正因西方也有，又會和西方觀念混淆了，所以我主張還是用郎吏二字的妥當。

一個國家，有政府，有民眾，古今中外歷史都如此。但我們要問，哪一種人才有權參加政府呢？倘使是軍人組織的政府，我們稱之為軍人政府。貴族組織的政府，我們稱之為貴族政府。商人組織的政府，我們稱之為商人政府。現在共產黨人則主張由無產階級起來組織政府，這叫做無產階級的政府。我們要問中國歷史上的政府，是由哪些人如何來組織的呢？皇帝只有一個人。中國到漢代已經有一千多個縣，這樣廣土眾民的一個大國家，政府自皇帝以下又有些什麼人來參加呢？在中國，主要就是士，四民社會中第一流品的這個士，只有這一流品是有權參加政府的。因此中國歷史上的政府，並非軍人政府。漢代開始，政府中人都是跟漢高祖打天下的，勉強可以叫做軍人政府。但是沒有多少年就變了。中國歷史上的政府，也不是貴族政府。並不是姓劉的打天下，這個政府就全是姓劉的。也不是江蘇人打天下，這個政府就全是江蘇人的。中國歷史上的政府，更不是商人政府，中國傳統，商人根本不參加政府。因此中國歷史上的政府，只該叫做「士人政府」。由士人來組織政府，政權操在士人手裡。這樣的政府，西方歷史上沒有，我們只得特創此一新名稱。而士人是社會上一流品，由於這一個流品之參加進政府，而掌握政府之大權，於是政治和社會就得打成一片。所以在中國人的腦子裡沒有革命的觀念。中國人所言的革命，又和西方的不同。像西方般，社會民眾要對政府奪取政權，爭取自由，這種觀念在中國歷史上沒有，因為中國的政府早同民眾是相通的。

漢代初年，政府官吏大多從一個集團裡出來，這個集團就是皇宮的侍衛。這種侍衛和皇帝很親近，將來都得機會分發到各地政府做事，這種人叫做郎。因為他們都在宮廷廊下。其實也不完全是站在廊下的，只是如此稱呼而已。這和帝俄時代沙皇貴族政權的情形差不多，一般貴族子弟都要到沙皇跟前當侍衛。法國大革命以前，法國的貴族子弟，也多要到凡爾賽宮做路易十四以及路易十六的侍衛。漢朝到漢武帝時就興太學。太學畢業生分為兩級，高級畢業生可以補郎，到皇宮當侍衛。低級畢業生回到地方上分派做吏，這是一種地方服務。隔三年或幾年有一次選舉，把在地方上服務有成績的吏，送到中央政府補郎，再由郎分發出來，便可做正式的行政長官。漢武帝在中國歷史上的偉大，就因他乃是建立中國士人政府的第一人。董仲舒的功績，也就在此。

我們現在說：「董仲舒表彰五經，罷黜百家，中國思想定於一尊，從此中國思想無進步。」這句話不知從哪裡來。表彰五經，罷黜百家，是有的。思想定於一尊，在當時是這樣的。但尊孔後，思想便無進步，這句話根據的是什麼呢？一部二十四史從頭看，沒有這樣一句話。而且中國此下亦非專一尊孔。魏晉南北朝以後，中國人覺得釋迦牟尼的地位在孔子之上了，又何嘗是思想定於一尊呢？這又算是進步還是退步呢？所謂中國思想定於一尊，這是一句今天我們對歷史事實的總括，把漢到今全部思想史一句話就講完了。請問這一總括是怎樣研究來的？哪本書上說過這句話？下面一句，從此中國思想再無進步，這是一句判斷語。請問怎樣才叫進步呢？而在近代中國社會上，這兩句話居然流傳得極普遍。這完全是道聽途說的話，此刻像變成為我們社會上共同的一個常識了，這可以說是學術塗地。大學教育不盡職，報章上的小品，馬路上茶館裡的談話，就成了今天的學術思想。從圖書館或研究所埋頭苦心所得的論文著作，中國這幾十年來少得可憐。我們是有大學而無教授，有教授而無著作，有著作而無見解，有見解而無價值。這是近代中國一大病痛。西漢董仲舒替漢武帝創立這一個郎吏制度，社會上優秀青年都可送進大學，大學畢業，一部分補郎，一部分補吏，吏將來再做郎，由此郎選中做行政官。郎與吏就成為當時社會上知識分子的出身，政府與社會的樞紐即在此，因此我們稱這個社會為郎吏社會。今天中國學者卻只知道罵董仲舒，但不知道他們究從哪裡罵起？

郎吏社會漢以後就沒有了。下面逐漸造成第二種所謂「門第社會」。讀書人都出在門第中，門第就成為社會的中堅與領導階層。今天中國講歷史的人，又發生了一個問題。就是說，中國究竟在秦以前是封建社會呢？還是在秦以後魏晉南北朝時才是封建社會？這問題的提出，就因魏晉南北朝有門第，拿中國的門第和西方的封建大地主相提並論，當然這中間也有一些相通，然其實際精神則不同。門第社會之決非封建社會，也就上述上面有統治政府，下面有自由工商業之兩點便可明白了。

從門第社會再一變，就是「科舉社會」。科舉是政府的一種公開考試，用來代替兩漢選舉制度的。漢代的從吏補郎是要經過選舉的。選舉制度和考試制度都是中國所原有。唐以後就以考試代替選舉。考試是公開的、無限制的。每一人都可憑一張履歷，去申請應試。只限制工商人不得參加。此因中國傳統政治有一理想，政治是為公眾服務的，工商人完全為私家經濟而努力，因此不許他們參加考試，而從政的也就不得再經商。士大夫從政而再經商，這是違法的。在科舉制度中，自唐以下歷宋、明、清幾代，又可再分幾個階段，在此不詳說。

## 八

我們上述這一個分法，是注意在中國社會和政治兩方聲息相通的重要點而分的。西方的封建時代，以及現代國家興起後之專制時代，社會和政府並無緊密聯繫。直要到法國大革命以及英國產生憲法以後，他們有了民主政治，社會和政府間才有一個聯繫。而中國社會和政府的聯繫，從秦漢開始就已經見之於種種的制度了。所以我們只能說，中國人在此方面早已走前了一步。譬如爬寶塔，一層一層地爬，爬到最高一層，不能再爬了，這不是不進步。中國從秦漢以來，在人文社會方面，較之西方，實在可算是進步的。

近代敢講這句話的，除了　孫中山先生的三民主義以外，我還沒有看見第二人。我一生崇拜孫先生，就在這一點。他不是關著門在圖書館研究，在大學講堂裡講，他的兩眼，全世界四面八方都看，而又能見其大。所以自然科學方面我們是吃了虧，社會科學、人文科學方面，中國決不落人後。

我們只講幾個大原則便可知，中國政府之組織，是由社會上最優秀的士，經過選舉或考試，參加政府而組織的。　孫中山先生憑此來看西方人的選舉制度，也並不覺得滿意。他說一個大學裡的專家博士教授要同一個三輪車伕去到街上競選，或許那博士會失敗。所以　孫中山先生才想把西方的選舉制度來加以改進。才在三權之外加進了考試和監察兩權，這都是中國所原有的。西方人得了一半，中國人也得了一半。閉著眼睛說中國兩千年來是一個專制黑暗政體，這絕對不是那會事。若說中國兩千年來是一個封建社會，就更荒謬。

# 第二篇　中國歷史演進與文化傳統

## 第一章　歷史的領導精神

### 一

我這一番講演，是注重在講文化，不注重講民族。因為我們認為民族精神是以文化而完成的，中國人的傳統看法，重文化尤勝於重民族，即是重道尤勝於重人。我講文化，從社會和歷史兩方面來講，社會一面大體講完了。接下就講歷史，同時拿社會和歷史合併起來講文化。

中國的文化價值，有兩項最簡單的證明，就是歷史中國最久，社會中國最大。換句話說，只有在中國文化之下，才有這樣長久的歷史，和這樣廣大的社會。其他任何一個文化系統之下，都無這樣長的歷史，和這樣大的社會。這就足以證明中國文化的價值了。可是我們要來講這樣長的一部歷史，從什麼地方講起呢？我以為我們講歷史，應該要找出這一部歷史的精神。所謂歷史精神，就是指導這部歷史不斷向前的一種精神，也就是所謂領導精神。

## 二

在長時期的歷史中，一切事情都像是偶然的、突然的、意外產生的，然而實在是有一種指導歷史前進的精神貫徹在裡面的。當然像馬克斯講歷史，他也是主張有一種指導力量的，只是此項力量是惟物的。赫格爾講歷史，則是惟心的。他們都先立定下一種哲學理論，再拿歷史來證明。我們現在所講，則要根據歷史本身來尋求，有沒有這一種指導這全部歷史進程向前的精神和力量？

這一點若我們向西方人講，西方人又不肯同意。因為他們的歷史，似乎並無一種所謂領導歷史向前的精神貫徹著。開始是希臘人的希臘文化來領導歷史。後來是羅馬人的羅馬文化來領導歷史。但是很顯然的，羅馬的歷史文化並不是啣接著希臘的歷史文化而來的。希臘衰亡了，羅馬興起，這是兩件事。羅馬的歷史文化中斷了，蠻族入侵，這就進入他們的中古時期。中古時期西方的歷史指導精神在教會，在耶穌教。固然在羅馬時代就有耶穌教，教會的力量已經相當大。然而耶穌教會變為一個領導社會領導歷史的力量，要到中古時期才正式開始。

中古時期北方蠻族所以能跑進文化境界，也是耶穌教之功。因此中古時期就不再是羅馬精神，而又另外有一套。到後來，他們在教堂裡又從新翻到希臘、羅馬時代的著作，又跑進希臘、羅馬時代的歷史裡面去，這就有文藝復興。西方人到那時才知道在耶穌教以外，還有另外的天地，一個是希臘，一個是羅馬。耶穌教對他們講的，是靈魂、上帝、天國，及人的身後事。生前的一切，不過為死後作準備。主宰我們的是天國，是上帝，不在我們的世間。因此他們所嚮往追求的，也是靈魂脫離了這個肉體以後的那一段。可是西方人一讀到希臘、羅馬人在當時的種種思想和行動的歷史，都不在天上，而只在地下。所注重的，像不是在靈魂，而僅是在肉體了。在獲得了這歷史啟示之下，而有文藝復興，所謂「由靈返肉」。把一切興趣和努力，重回到現世，也就產生了他們所謂的「人文主義」。

他們的人文主義，實在帶有一種反宗教的姿態在裡面的。我上面所說中國人的人文思想，則並無宗教可反。因西方人是把人生分成了兩段，一段是靈魂的，另一段是肉體的。現在注重講肉體人生的，就叫人文主義。西方人的歷史是這樣下來的。

從文藝復興接上近代的科學發展，就產生出現代的歐洲。這一條路走到現在，他們又覺得前途渺茫了。在文藝復興時，他們覺得天國、靈魂，是空虛渺茫的，所以要回過頭來講肉體，講人世間。哥倫布發現新大陸，在當時是一件驚天動地的事，使人們覺得前途無窮。到今天坐一架飛機，整個世界，一下就一圈飛回來，再沒有新大陸可去，這世界太小了，也就覺得沒有什麼意思了。現在人又想上月球，上金星。其實上了月球、金星，或許沒有像當時發現新大陸般令人興奮，這對我們人類又有什麼好處呢？對當前的人生又能解決了些什麼呢？開始時候，好像我們新到一地方，興致淋漓，待這地方跑完了，也就覺得平常了。

西方人開發新大陸，本來是想要找香料，找黃金，要發財。開始向外發展的是西班牙、葡萄牙人，後來接上的是荷蘭、比利時、英國、法國人，終於形成了資本主義、帝國主義和殖民政策。但是到了今天，帝國主義是必然崩潰了。資本主義呢？像美國般，他要同你做生意，你沒有錢，他借錢給你來做。好像打牌一樣，你贏了錢，把他的錢都贏完了，你還想打，只有借錢給他打，這就沒有意思了。這樣做生意，終會生厭倦。而且自經第一、第二次世界大戰，到今天時局更危險，全不知道前面會怎樣。因此西方人對這個文化傳統就產生了一個悲觀的想法，這也是現實逼得他們如此的。

最近英美思想界，又都認為他們今天應該回復到中古時期的那種宗教信仰方面去。這話也不是今天才有人講，很早以前就有人這樣講。他們常稱中古時期為黑暗時期。幾十年前，有一位德國人寫一本書，說倘使我們拿耶穌的道理來看，究是中古時期黑暗還是現代的歐洲黑暗呢？這話是很有理由的。他們稱中古時期為黑暗時期，是根據文藝復興以後一般人的觀點來講的。倘使根據中古時期教堂裡的觀點來講，則應該文藝復興才是走上了黑暗的路。西方人在這樣一種內心衝突之下，他們的精神就開始惶惑了。他們目前似乎還找不出一條值得勇往向前的路究竟在那裡。所以我們說西方歷史是並無一個貫徹的領導精神的。

通常講西洋史，總是先講希臘，次講羅馬，再從中古時期到現代，我們一般都認為西洋歷史是這樣下來的。我想實在的西洋歷史，並不是這樣的。應該從羅馬帝國崩潰，北方蠻族跑進羅馬帝國後，這個時期開始講。這是現代歐洲人的歐洲史。現代歐洲文化的曙光就是耶穌教，不是希臘和羅馬。那時北方蠻族根本不知道有希臘、羅馬文化。羅馬是被他們打垮的。他們所知的羅馬，只是一個可供掠奪的對象而已。羅馬帝國打垮了，北方蠻族在那時是混沌一片，這個時候全由耶穌教出來指導他們。固然耶穌教不是北方蠻族自己的，是由東方傳過去的，可是第一條文化曙光，射進現代歐洲人腦裡去的是耶穌教。這是他們文化的起源，文化的根本。這是他們所見早晨的曙光。在這下面才接續上希臘、羅馬。這就等於中國人是從周公孔子開始，下面才是印度佛教跑進中國來。

其實在現代歐洲人腦裡是先有耶穌，後來才有蘇格拉底、柏拉圖等等的。驟然新刺激來了，他們也並沒有好好地調合折衷，並不能好好地去消化，就嚷著要由靈返肉。跑出教堂，做生意，搞政治。然而教堂的力量在歐洲人心中是根深蒂固的，所以到後來雖然科學發達，一般大科學家還是沒有不信宗教的。牛頓、愛因斯坦都是，他們心中總還是有一個上帝。在我們中國人看來，一方面講科學，一方面信宗教，好像是不可能。然而近代西方人是從耶穌教開始的，他們的文化根源在此，他們決捨不掉。現代科學實在是近代歐洲人創造的，不過講科學史的人，還是遠從希臘講起。西化獲得了長足進展，他們講歷史，覺得不該從中古時期講起。但如從希臘講起講到羅馬，那麼在希臘以前自然還要講埃及，講巴比倫。那就要從巴比倫、埃及、希臘、羅馬一路講下來。這樣使一部西洋史頭緒紛繁了。今天的他們，經過第一、第二次世界大戰，問題依然未解決，而且愈來愈多愈棘手，無怪他們中間有人在覺得前面沒有路，不免要發生文化悲觀的論調了。

在我們想，我們認為我們是顯然有一條路在前面，那就是向歐洲人看齊。但今天的歐洲人，卻是不免有途窮之感了。人窮則返本，因此歐洲人不免要回頭再向宗教，他們的老家那面去。我們讀西洋史，從巴比倫、埃及到希臘、羅馬，好像宗教是橫插進去的。耶穌教到現在只有一千九百多年，還不到兩千年。西洋史是從耶穌教以前就有了。實在我們要講真的歐洲史，就該切斷來講，先就蠻族入侵，羅馬帝國崩潰，中古時期的教會講起。再講到文藝復興，希臘、羅馬才是橫插進來的。這樣講法，或許我們對於歐洲人會更容易認識得清楚些。我現在講的，是說歐洲歷史，沒有一個貫徹在歷史裡面的領導精神。一段時期是希臘的，另一段時期是羅馬的，現代一段時期是近代歐洲人的。近代的歐洲人，在歷史上本是北方蠻族，而這裡面又有英國人、法國人、德國人等等，更加複雜了。因此我們要同西方人來講歷史裡面有個一貫的領導精神，他們當然不了解。

## 三

現在回過頭來看中國史。我認為中國歷史是有一番始終貫徹的領導精神在裡面的。因為這一部歷史四千年來始終是中國人的。雖然我們讀中國史的人，或許會覺得中國史簡簡單單的，就是這樣一會事，不見有什麼大反覆。但若深入看，便不同了。我們讀西洋史，等於如看西洋的劇本，它是一幕一幕的。一幕閉了，第二幕開始，像是完全另外一回事般。所以西洋的戲曲，逐幕有變化，歡天喜地的會變成驚風駭浪，看了上一幕不曉得下一幕。中國戲劇比較上從頭到尾，似乎本來是一回事，很少在中間有劇變的。中國史之演進，好像平平淡淡，幾千年一路下來，使人感覺它少變化。其實也不能如此說。蒙古人打進來，滿洲人打進來，那都是極可怕的。但是一陣風暴過去，還是青天白日。中國人還是中國人，中國社會還是這一套。偌大一個民族，支持四千年，直到今天，他應該是有一個指導歷史的精神貫徹在裡面的。也正因為有這一個精神貫徹在歷史裡面，所以我們看不出歷史的巨大反覆。像歐洲史希臘、羅馬、中古時期那樣的反覆，在中國史裡是看不出來的。

我們看見西方歷史有一個文藝復興，我們在五四運動時真是心嚮往之，以為我們中國為什麼沒有一個文藝復興呢？其實我們歷史上孔子、孟子的書，一直到今天還人人在讀，怎樣會有文藝復興呢？北方蠻族跑進羅馬，他們是什麼都沒有，只信耶穌教，忽然在教堂裡翻到以前希臘羅馬那些書，所以才有一個文藝復興。或者中國也可能有一個文藝復興，像現在中國人都讀西洋書，再過幾百年長時期，中國書全都搬進圖書館去了，那個時候中國人都不知道有孔子、孟子了，偶然翻出他們的書來，覺得奇怪。到那時，中國也會有一個文藝復興的。至於今天的我們，聽見西方人講文藝復興，心嚮往之，那只是觀念上的糢糊而已。

現在我們要講中國歷史裡的哪一個領導精神，又怎樣講法呢？我先要告訴諸位，我並不願憑空把個人意見來講，我只願根據歷史情節平平實實地講。但縱使我們翻破一部二十四史，也沒有所謂領導精神這樣一句話。我們又從哪裡講起呢？我想我們有一條路，就如前面所講，看文化要從歷史和社會兩方面來看。歷史是過去的社會，社會是現在的歷史。而且過去的歷史還存在現在的社會上，現在的社會又就從過去歷史裡來。我們看文化，只要從歷史記載和社會現象來看。照這樣講，我們且問中國社會和別個社會特別不同之點在哪裡？

這問題上次也已講過，中國是一個四民社會，四民社會之中堅是士的一流品。中國社會之所謂士，確實在別個社會中沒有。印度社會有四個階級，第一個是僧侶階級，但僧侶並不像中國之所謂士。歐洲從中古時期起，他們社會中最重要的，照理應該算宗教裡的神父和牧師了。小孩子一生下來便得到教堂裡領洗，非神父牧師到場不可。結婚是人生大事，喪葬是人生大事，又非神父牧師到場不可。所以教堂的力量，在他們是無可比擬的。第二次世界大戰末期，原子彈投到日本，日本天皇宣布投降，這是了不得的大事。當時美國全社會人都跑到教堂裡去禱告。美國總統說，這是上帝給我們勝利。我們中國正因沒有一個宗教，勝利以後，你說是你的功，我說是我的功。社會上一般人卻說，誰也不要自居功，還是美國人幫了忙。美國因有上帝，一切歸功於上帝，便誰也不敢居功了。他們最快樂的時候要有一個上帝，最危險最苦痛時，也要有一個上帝。海上一條船觸礁要沉沒了，最後一分鐘，大家還要禱告上帝。宗教是現代歐洲社會一個極重要的東西，可是我們不能說它是西方歷史貫徹始終的一個領導精神。這在上面已講過。

中國歷史從古到今，四千年來有一不變的制度，是最高政治領袖即天子，俗稱皇帝，他們是父子相傳君位世襲的。秦始皇帝以下，郡縣時代，依然和上面的封建時代一般，君位依然世襲。我們正為此故，稱中國傳統政治為帝王專制。其實秦漢以下的郡縣政治，並非帝王專制，那時的政府，乃是一士人政府，上面已說過。只因中國民眾地廣，君位世襲，可免種種麻煩，省去種種爭議，使社會上下得以同趨於安定。改朝換代至少是兩三百年後的事，這亦可稱為是中國人聰明的特創。倘缺了此一君位世襲制，中國便不會有這樣的安定，秦以下的歷史會走向哪裡去，便很難預測了。故中國社會乃一四民社會，而中國政府則是一士人政府。不得專以君位世襲那一制度，便稱中國是一專制政治。諸位細讀二十五史便可知。我在此刻是無法詳講了。

中國社會有士的一流品，那是世界各國社會所沒有的。士是中國社會一個領導中心，所以我們將試根據這一點來講中國歷史上的領導精神。不論政治領導，或文化領導。士是怎樣來的？又是代表著什麼的呢？社會上生產事業如農如工如商，如何般來，這都容易講。政治階層的人、軍人，如何般來，這也容易講。只有中國士的一流品就難講。怎會有所謂士？而且這些士又永遠存在著，這總有一個道理。士在中國社會中，幾千年來，有得吃，有得住，有得穿，還得人家看重你，總有一個道理在。我們不先憑空拿一個理論來講，我們是在據歷史現實提出疑問來講。我們看中國社會上的士，如何做社會上的領導者。從鄉村到城市乃至政府都有士。這個士的形成，總有一套理由，這套理由維持下來，即就是歷史的領導精神了。我這樣講法是否對，諸位試照著這條路去翻看一部二十五史，就會得一批判。

## 四

現在中國的最大問題，卻是社會正在那裡變，而且變動得最大，此後中國社會快會沒有士了，這一變就很嚴重。羅馬帝國崩潰了，北方蠻族是一張白紙，加上耶穌教，後來又加上希臘、羅馬，這些變尚簡單。中國人則並非一張白紙。這個領導精神，雖然這一百年來已經逐漸在崩潰，然而我們這張紙上，漸染上的東西，擦不掉，也洗不乾淨，還有大批的積留。西方的東西加上來，又是很複雜，有宗教，有科學，有哲學，有其他的一切。西方的一部歷史就夠複雜了，而且現在的西方又是英國和法國不同，法國和德國不同，歐洲和美洲又不同。這許許多多東西，七拼八湊，一下投進到中國來，這時的中國人就難辦了。近代中國苦難重重，自己覺得沒有出路，就在這上面。

五四運動時我們要打倒孔家店，這就是一難題。歐洲北方蠻族入侵羅馬，他們當時沒有一個像我們的孔家店要打倒。耶穌教來了，他們就信耶穌教。中國人要打倒孔家店，又要把線裝書扔毛廁裡，又要廢止漢字。要做這三件事，談何容易，一兩百年也做不了。今天大陸中共還鼓著勁在那裡做，漢字廢止不了，只不過造出幾個簡體字。線裝書扔毛廁裡，扔了一部分，仍有一部分扔不完。打倒孔家店，直到今天也打不倒。本來該全盤西化的，但五四運動時人說，西方宗教我們不要。既是全盤西化，為什麼又不要西方的宗教呢？他們說，我們要的是科學和民主，但科學僅是供人使用的，不能全由科學來支配人。民主政治在某些處也是靠不住。不是那般民，又如何作那般主呢？投票舉手只是一表示，全是空的，又如何表示呢？而且這世界究竟有沒有上帝，大家舉手來表決，這豈不是笑話。你不信上帝，待我向你講，你再不信，我再講，不能說由大家來舉手。民主是政治上的事，可是人生還有比政治更重要更高的，不能全由民主方式來解決。單有科學和民主，拼不成一個社會，生不出一套文化來。社會該由人作中心，單就科學與民主，也拼不成一個人。飛機是科學的，駕飛機坐飛機的卻是人。民主是政治的，在這政府中在這政府下的也都是人。不能專有科學與民主，而把人丟開了。西方宗教正是教人怎樣做人的，我們要學西方，更不能把他們的宗教劃掉。西方到今天也仍不可能把他們的宗教劃掉，而當時我們高呼西化的前輩先生們，卻要反宗教。既要反宗教，而僅僅接受他們的科學和民主，那樣的西化，未免太淺薄了。你若說中國的一切都好，只缺了科學與民主，那還說得通。現在既認中國的一切要不得，又如何只學人家的科學和民主呢？

講到這裡，我們就可以慢慢找出中國歷史社會上所謂士的這種精神是什麼這一問題的答案來。我們試循著這條路講下去，看對這部中國歷史是否講得通。從前許多人又說一部二十五史，只是帝王家譜，這樣的歷史沒價值。認為現代人治史，該講社會史。此下就大家爭論著，我們究是何等社會。儘爭不出定論，可見一切不該先存有成見。歷史則該是整部的，而且歷史即是人生。我們先問在這部歷史裡的人，是否有一個領導精神在領導著。我且不問其是政治史抑是社會史，單就這一中心講下去，即是中國社會士的一流品之精神傳統講下去，我認為中國歷史上的治亂興亡，乃至今天的一切大問題，卻都可以講得通。

近代國人盛呼打倒孔家店，但孔家店創始迄今兩千五百年，愈後愈旺盛，亦必有一開店的精神。你不識其精神所在，又如何去打倒他？即如毛澤東文化大革命，馬一浮、陳寅恪等，都被打倒。但今毛澤東已死，四人幫下獄，而馬一浮、陳寅恪等的姓名，尚多傳人口，多在人心。又如孫中山先生，倡導革命，成立中華民國，他兩次對敵人言和，一在南京，一赴北平，終於病死在旅館中。他的事業，可謂實未即身完成。他提倡的三民主義，首先便是民族主義，這便是如上面所說的孔家店精神，中國文化中所謂士的精神。能近取譬，　孫中山先生到今天豈不常在人口裡心裡嗎？　中山先生的精神，正是在他及身未能完成，尚待後人來繼他完成的一條道路上。這正是我所謂中國士的精神，亦所謂孔家店精神，中國文化精神。正是永在向前，永待後人繼續，永無完成的一番精神。若各求完成，不待他人繼起，這可稱為乃是一種機械精神，非生命精神，便也不就是我們所謂士的精神了。諸位即此便可知道，我上面所講中國文化傳統裡士的精神所指大體是什麼了。

# 第二章　中國歷史演進大勢

一

中國人心中最崇拜的是聖人。但在唐以前常以周公、孔子並稱，宋以後始是孔子、孟子並稱。雖則我們今天甚至有人還要打倒孔家店，但這只是今天事，我們不能否認從前大家景仰聖人之確有這會事。這等於西方人講耶穌，羅馬人講凱撒，蒙古人講成吉斯汗，任何一個社會，總有受這社會尊崇的人。可是羅馬有凱撒，蒙古有成吉斯汗，中國也有秦始皇、漢武帝這一類的皇帝，但中國人並不尊這些人。在中國人心中最受尊敬的還是周公和孔、孟。這是中國歷史上人物造型一個最高的目標。我上面所講士的一流品之精神傳統，正可從這方面再繼續地講下去。也可說中國的歷史指導精神寄在士的一流品。而中國的士則由周公、孔、孟而形成。我們由他們對於歷史的影響，可知中國歷史文化的傳統精神之所在。

現代人講歷史，又有一個大爭論，就是說歷史究竟是個人重要還是群眾重要呢？其實這不是一個真問題。人總是重要的，個人重要，群眾也重要。我現在所講，似乎太偏重在幾個個人方面了，或許諸位認為我抹煞了歷史上群眾的重要性。其實我意並不就這樣，我現在講周公與孔、孟。這三人中，周公是一政治家，孟子是一教育家，孔子兼於兩者，又是政治家，又是教育家。孔子和周公聯合在一起，便見政治意義重過了教育。孔子和孟子聯合在一起，便見教育意義重過了政治。我們且不要聽到周公、孔、孟就感得討厭，我們講周公、孔、孟就如講政治同教育，也就是中國古人常說的所謂「政教」之本了。為什麼中國人這樣看重政治呢？因為中國的地理環境和希臘不同，立國規模和羅馬不同。中國由一個廣大農村集成，大家有吃，有穿，要使大家能相安無事，而凝成一個大社會，這就在政治問題上。希臘人在一個個小城圈裡，從事商業，從地中海發展到亞、非兩洲。一個城圈裡最多一兩萬人，他們不覺得政治問題的重要。做生意就遇見有各地方的人，這裡來，那裡去，思想、言論、態度、習慣，各不同。大家五方雜處，接觸到的有埃及人、波斯人、亞洲人、非洲人，要各方面的人都相處得下，就要講出一個大家公認的正義來。羅馬人是打天下的，他們所以要講法律與組織。猶太人是流亡的，奔迸四方，始終受壓迫，所以他們要講一個上帝。中國是廣土眾民，要團結成一個大社會，因此要講政治。周公這樣的人物出生中國，是並不偶然的。倘使周公生到希臘去，或許不就像中國歷史上的周公了。所以在希臘不可能生周公，在中國也不可能生蘇格拉底。中國人講教育，不講哲學，教育又常兼著政治講，那就會有孔子，不會有蘇格拉底。

中國古人說：「夏尚忠、殷尚鬼、周尚文。」如夏禹治水，三過其門而不入，千辛萬苦，為的是社會。夏禹這套救苦救難的精神，就是夏人尚忠之示範。後來墨子講兼愛節用，他還自說是講的夏禹之道。商人尚鬼，應是講迷信，近宗教的。古史傳說中的商湯就是這樣一個人。他似是喜歡用神道設教來獲得人心的。到了周尚文，遂開此下傳統，中國人直到今天，都還是尚文的。所以中國人講政治稱「文治」，講教育稱「文教」，講人事稱「人文」。所謂「郁郁乎文哉，我從周」，孔子就是第一個崇拜周公的。

## 二

「文」字的涵義猶如俗語的花樣。周公從事政治就有許多的花樣，或者說許多的文飾。周人的天下從商人手裡打來，從一個信上帝，信鬼神，宗教氣味很濃厚的時代接下來。這時候周公就建立起一套新的政治制度來。這就是所謂封建政治。封建政治有一個共主，就是天子。天子譬之如上帝的兒子，這是從講上帝的商人傳下的思想。現在周公對商人說，以前上帝喜歡你們商朝，可是上帝並不是一開始就喜歡你們的，他先喜歡的是夏朝。為什麼上帝改變喜歡了你們呢？到今天為什麼又不喜歡你們而改喜歡我們周朝呢？因為上帝要看老百姓的意見的。這番話卻從宗教轉落到政治上來了。當時大家聽了這番話，都感得高興，就是商人聽了也不能反對。

我們知道，周人打天下的是周武王。周公卻覺得單憑武力打天下，人家不心服，人家心裡老懷著仇恨，將來還要成問題。所以周公又出花樣，說你們的紂王太不行，我們該把他打倒。可是你們商朝的祖先們那一套是很好的，你們商朝的老百姓們也還是該存在。因此，我不來管你們，你們可再另叫一人來依照你們祖先的方法來管理。於是就封紂王的兒子武庚來承接商人的傳統。這不是現在人所主張的民族自決嗎？今天美國人也說史達林不好，俄國人還是愛和平的，我們還是朋友。這種話，周公在幾千年前就講過了。

周公又主張，不僅商朝的子孫該存在，從前夏朝的子孫，乃至唐堯、虞舜、黃帝、神農的子孫，凡是我們歷史上曾有過的都得要存在。這叫「興滅國、繼絕世」。夏朝亡了，可以再封一個。唐虞亡了，也可再封一個。滅國再興，絕世再繼，今天文化進步的世界最好理想也不過如此。猶太人在世界上幾千年沒有一個國家了，美國人說你們自己可以建立起一個國家來，這就是現在的以色列。周公的興滅國，繼絕世，用意注重在保存文化傳統，他說你們的國家可以照你們以往的樣子，你們喜歡方帽子就戴方帽子，喜歡長袍就穿長袍。每個國家都得保留他們的舊文化、舊傳統。周公這個處置是非常偉大的，他就要叫周朝人也看看，從前有政權的，還有商，有夏，有唐、虞、黃、農，歷史擺在你眼前，不要認為我們周朝人可以永遠做皇帝，如果我們不行，也會同他們一樣，上帝會再挑一個新兒子。

這種想法，不僅是把從前的宗教信仰慢慢過渡到政治理論上來，而且又加上了一種歷史的精神。他的封建制度就有一種尊重文化歷史的精神在裡面。要周人懂得警戒歷史上以前的壞處，來接納歷史上以前的好處，那就花樣多了，這就成為中國人此下的人文觀念。

但既然商人、夏人以及唐、虞、黃、農的子孫都可封，今天周人自己的宗戚也可以封。實際上當時所有的戰略要點，交通中心，富庶地區，他封的都是自己人，好來監視天下。這也可說是一種鞏固政體的措施。

這樣地封下去，豈不會四分五裂，不成體統嗎？不，周公的花樣還多。他要各國諸侯每年都集合在一個地方祭上帝，上帝你總不該不承認。可是上帝天高地遠，不能來管我們這世界，這世界他得另外派人管。派什麼人呢？此刻派的是周朝人。因此祭上帝就要同時祭周朝的天子，這是上帝的代表，配搭上帝的，當時稱為「配天」。這一點，似乎和耶穌教的道理也一樣。耶穌教定要有一個耶穌，不能憑空講上帝。中國人則找一個天子來配天，那麼周朝打天下開國的是周武王，配天的應該是他。可是周公說不是，他說上帝早就喜歡我的父親周文王。這個花樣真了不得，打天下的是周武王，當然別人對周武王可有些不開心，所以周公叫人家一起來祭的，是周文王。他說文王沒有打天下，三分天下有其二，還是服事商朝，可見我們並不要奪商朝的權位，這是上帝要我們周朝人起來。周公的偉大就在這些處。此下中國政治常重文教，不重武力，便從周公這些偉大處來。當時每年到了冬至節前後，也就是耶穌聖誕時候，各國諸侯都到周朝來集會，祭天祭文王。但同時周公又說，你們到我們這裡來太遠了，不方便，我們挑一個大家交通方便的洛邑來集合，不必多勞你們來鎬京（西安）了。鎬是當時周朝的都城，洛邑就變成東都，大家集合在這裡祭上帝，同時祭配天而治的周文王。

這些事情，我們此刻看來很簡單。但當時就是這些很簡單的事，把中國變成一個統一天下了。中國古人把這些叫做「禮」。周公這套政治，就是所謂「禮治」。也即是所謂「文」，後人又稱為「文治」。而周朝憑此基礎，有了八百年天下。

當然我們今天講政治，不是要來模仿周公。只是說在三千年前的周公，這種做法是相當偉大的。可是這樣祭文王配天，也只能使政治上有了個中心，有了個聯繫，這還是和整個社會民眾沒關係的。周公覺得興滅國，繼絕世，祭天，以文王配，這些還不夠。當時全天下人生所賴主要在農業，周公又說第一個發明農業的便是我們的祖先后稷呀。其實后稷以前已經有人發明農業了，如神農，這是大家知道的。我們知道周朝人的祖先是后稷，當然后稷也還有他的祖先，並不是后稷就是周朝人原始的第一祖。我們也知道后稷有一個母親姜嫄，可知后稷也是有父親的。姜嫄顯然是一姜姓女子嫁到姬姓的家庭中來的。可是后稷的父親，周公就不提。這也和耶穌教一般。耶穌有聖母，卻不提有聖父，這是同樣道理。

《詩經》裡〈生民之章〉，是講后稷的。我們讀這一章詩，以為是神話，其實非神話。后稷有母，有家，有僕人。小孩子扔到外面，有樹林，有池塘。外面有伐木人，有牧人，有大的村子。可見后稷生前早就有了人類社會，怎樣說厥初生民第一個是后稷呢？這又是周公的花樣。這又是中國文化和西方文化不同之點之所在。我們若拿現代話來講，人該分兩種，一種是原始人，就是史前人，一種是文化人，就是有了歷史以後的人。在周公的意思，只從文化人講起，則周人的祖先便是后稷了。他因此叫全社會人都來祭后稷。於是祭文王有一個廟，天子、諸侯、公、卿、大夫都到那裡去祭。祭后稷，卻許鄉村野外到處可以祭，不必要宮殿。這樣一來，全中國人一到冬至就祭后稷。后稷是周人的祖先。從這些地方，周人就統一了中國八百年。此外周公還製了許多詩，譜為樂章，來配上那些禮。所以後人說周公「制禮作樂」。現在西方的教堂裡，卻有和周公所製一樣的禮和樂。

在中國，三千年以前的周公，就懂得運用這一套，這在中國古人叫做「文」。文不僅是在外面裝花樣，那些花樣裡面都包涵有深意，這些花樣都是能深入人心的。這一點，直到孔子才拿周公這番道理更深入的講出來。周公制禮不專在拘束人。遇有大祭，天子就得請喝酒，大宴四方來祭的人，臨宴還要有唱詩，有舞蹈，有表演。后稷文王的故事和歷史，都亦歌亦舞地表演著，大家覺得很高興，周公的宣傳作用也已經在裡面了。但在我們這時說來是宣傳，在周公心中應該說是教育，這都是周公制禮作樂的用心。這些從前都該在經學裡面講，不過講經學的講到後來，一字一句太麻煩了，卻沒有注意到周公治國平天下許多大措施的用意在那裡。

以上講周公的政治。若講到周公的私人道德，也實在是個大聖人。他儘該可以當周朝的皇帝而不當，但此下周朝八百年天下，卻全由周公安頓下。

## 三

孔子年青時，在他的理想上、精神上，都是羨慕周公的。他認為自己也不必做皇帝，只要有政權在手就可大行其道，也如周公了。所以他做夢都會夢到周公。後來老了，才說「甚矣！吾衰也，久矣，吾不復夢見周公。」孔子此後在政治活動上絕望了，就教出許多學生來，以傳道來代替行道。孔子的學生分兩批，一批是早年在他五十歲以前的，一批是晚年在他五十歲以後的。孔子五十歲以前，自己在政治上還抱著野心。所以他的學生，有的可南面而治，有的可以理財，有的可當將軍，有的可辦外交，像顏淵、子路、宰我、冉有這批人，都是可在現實政治上活躍的。到了孔子晚年，來跟他讀書的人，年齡相差很遠。這個時候，孔子也覺得他在現實政治上是沒有希望了，他回過頭來講歷史、講文化、講學術思想。這時候跟孔子的人，像子游、子夏、曾子那一批，都是十八九歲二十多歲的青年。凡是孔子五十歲以前跟他的人，都近周公這一套，五十歲以後跟他的人，慢慢把這個風氣傳下來，就變成孟子這一套。孔子之道，重在講人心、人道，就講出一個「仁」字來。他講的禮、樂、詩、書，都是根據歷史。他的學問來源，主要的是周公。

到了孟子，他就是學孔子，孔子講「心」講「仁」。孟子講「性」講「善」，由心講到性，由仁講到善。這套理論，可說是中國學術思想上一套極大的理論。「人性善」這一理論，全世界只有中國人講。倘使說中國人的思想對於整個世界有貢獻，這套思想的貢獻就是最大的。孔子講心講仁，大家還不容易懂。到了孟子手裡，他講得極簡單而易明。孟子所講的性善，他實在並沒有說人性都是至善的。他只反過來講：凡是社會上的所謂善，都是發源於人心的。人心便由人性來，違背了人性，則都不是善。今天共產黨的理論，就在脫離了人性。只要我們人性所不能接受的就是惡，凡是善則一定合乎人性的，而這個人性又是可以向善的，而且是喜歡向善的。現在我們說人性有善有惡，可以很清楚的看到許多證據。我們也可說人性無善無惡，如一張白紙，善惡都是後起的。但這話怕不如說人性有善有惡好一點。既是人性有善有惡，我們定要講人性善，這道理在哪裡呢？這道理當然也不簡單。

我們講中國人所講的道理，便該照中國人的思想史系統講下去。講外國人所講的道理，也該從外國的哲學史道路講下去。我們不能單抽出一個人來講，人不是憑空掉下的，他的思想亦必有個來源與系統。譬如我們講康德，康德思想從哪裡來，西洋哲學史上可以告訴我們。我們講柏拉圖，柏拉圖的思想從哪裡來，西洋哲學史上也可以告訴我們。一切思想都有一條線路，不能說全由某一人創造發明。科學上各項發現，也各有其來源，一切不由平空來。所以我們要由一個系統講，這樣便叫是人類文化傳統。諸位聽到講傳統二字，也許有人又不喜歡，若講系統，便覺可接受了。其實這是二五同一十，朝三暮四和朝四暮三，還是一樣。現在我們還是從周公講起。

周公認為人可分為兩種，一種是自然人，一種是文化人。自然人是歷史以前的，文化人就是歷史以後的。這番話當然周公沒有講過，是我根據周公行事翻譯成現在人觀念來代說的。不然的話，周人的始祖怎會是后稷呢？這裡總有個道理。這個道理還直傳到今天。我們豈不有一個家譜嗎？我姓錢，姓錢的尊五代十國時的吳越王為始祖，到今不出三四十代，難道我們姓錢的只從這時開始？上面就沒有姓錢的了嗎？兩晉南北朝時代我們就在歷史記載上看見有許多姓錢的，姓錢的來源很古。但是我們從某一個人起，把來源切斷了。

百家姓上每一個家庭，第一個始祖都照周公辦法，選定某一人，把他以前切斷了。因此中國社會便不會出達爾文，宗教創世紀的一套也不會有。人是哪裡來的？達爾文說是由猿猴變來的，耶穌說是上帝創造的。中國人不這樣想，沒在歷史以前的劃開不管了，只就有歷史文化以下切下的一段來說。昨天我同一位姓林的先生談話，他祖先是北方人，搬到福建，第一位遷祖，叫什麼名字，從什麼地方搬來，家譜上都記下了。以前的，也就不管了。在科學沒有昌明以前，中國人的想法卻沒有違背了科學，這是中國人的聰明。后稷的父親是誰？后稷父親的父親又是誰？如是追問上去，不要說從前的人沒有法子講，現代科學發達以後，也還沒法知道。中國人卻切斷了上面的不論，從什麼地方切呢？這就得從文化觀點上下手了。

從這一觀點上來講，我們就可知道，人性雖然有善有惡，但是在這個社會上能保留下來的總是善的，惡的便不能常留。歷史文化的演變，就是要把善的保留下，把惡的除去了。否則又哪裡會從邃古的原始社會演變出後來的歷史文化來的呢？因此我們知道，惡勢力終是不可久，只有善的可以傳。拿近代史來講，譬如　孫中山先生和袁世凱，到他們兩人死後，　孫中山先生的志業是傳下了，袁世凱的行事在歷史上的影響當然也不能抹煞，後代人也會提到他的名字，但是他的勢力和影響，慢慢就會被後人洗去的。史達林一死，赫魯雪夫就出來清算他。也就是這道理。這都是人性表演。又如美國當大總統的很多了，但能影響到後代的，他的功業志節留傳下來的，也不過是華盛頓、林肯幾個人。這些人都已死，為何受人紀念？這就證明人性之善了。

我們要證明人性善，不能拿任何一個小孩子來證。他還沒有受過教育，沒有進到社會。人是該指文化人而言的。我們今天說這社會如何黑暗，但如果真黑暗，那社會便會消滅，不能常此繼續下去的。因此黑暗之後面，當自有光明跟著來。我們要放大眼光來看，人類文化的演進，一切的進步，就靠這一點。這不是有一個聖人，或一個哲學家，一個對政治上有最高權力的人指定一方向，要我們這樣。而是我們的人性喜歡這樣，纔成這樣的。這個「人」字，也不是專指眼前的我、你、他，是講大群的人。我們從遠處，從原始人，幾十萬年下來，不是一步步在向善的路上跑嗎？惡也是永遠不斷的，因為自然人就是有善有惡夾雜著，然而惡的總勝不過善的。因為善的有一個歷史傳統在那裡，惡的可以慢慢壓制了，銷毀了，可是也不能就沒有惡。倘使惡沒有了，那麼我們人類就用不著有教育，有政治，一切沒有，人也就完了。講宗教的人，有上帝，必有魔鬼，然而魔鬼終究勝不過上帝。只是宗教是在心外面信有一個上帝和魔鬼。中國人轉向心裡來，上帝在我們心裡，魔鬼也在我們心裡。拿到社會上，上帝在社會，魔鬼也在社會。中國人的上帝和魔鬼，親自看得見，體念得到。但這些東西由哪裡來？推到源頭處，還是上帝給我們的，也可說一切由自然來。

中國人說「天」，便是上帝與自然混合的觀念。可是我們不必問上帝，不必問自然，只問自己就夠了。因為我們這個心，這個性，是上帝和自然給我們的。而這個心和性，是確實會向著善而前進的，因此歷史也確實會向著善而前進，文化也確實向著善而前進。我們從這一個大理論大信仰之下，來簡單講周公和孔、孟。這套理論與信仰，放到政治上、社會上、經濟、教育一切上，來完成以後的歷史，這就是我們所謂中國文化傳統的一個領導精神了。

## 四

周公是一個在政治上活動的人，孔子呢？照現在話來講，那就是一個社會上的自由學者，知識分子，而在中國則稱為士。孔子以後，諸子百家興起。經過兩百多年，秦代統一。在周公封建時代，社會上還有貴族、平民之分。諸子百家興起，貴族開始崩潰，到秦以後，中國就是一個平民社會，再沒有貴族、平民階級之分了。並未像西方羅馬般，貴族、平民間，常引起非常激烈的鬥爭。中國古代的貴族階級，卻在和平的進程中消失了。大一統政府開始，不能說不是在當時思想上先有了一個準備，先有了一個領導。倘使孔子也講民族主義，他是殷商之後，不該嚮往周公。現在我們有許多講歷史的，就喜歡講商民族或周民族，照這樣講，那就成為兩個民族了。倘使孔子在當時，抱有狹義的國家觀念，那麼他生在魯國，該是魯國人。然在孔子心中，並不深刻存有民族與國家的界線，他只想行道於天下。孟子亦然，他見梁惠王，又見齊宣王，都不在乎。即是其他一切學者，在當時都不抱一種狹義的國家觀和民族觀，他們都想行道於天下。所以在戰國時代，在士的階層中，早已在那裡做大一統的嚮往和運動了。在這樣情形下，才能有此下秦、漢大一統的局面。

前人常把我們的戰國比西方的希臘，認為秦以後，中國的思想系統斷了，不再進步了，這話是大不可靠的。上面講過，孔子思想，用現代話來講，可說是一種人文主義的。只是和西方文藝復興後的人文主義不同。孔子很看重政治，就這一點上來講，耶穌就不能和孔子相比。耶穌說，上帝的事情由我管，凱撒的事情由凱撒管。當然在耶穌的時代，羅馬人統制著東方，猶太人是被統制者，所以耶穌把政治方面事避開。在地上最大的是羅馬，可是耶穌說，還有一個比羅馬和凱撒更大的，那就是天國和上帝。耶教把政治撇開，佛教以及其他宗教，也多撇開政治不管。孔子不這樣，政治是他教訓中極重大的一項。孔子講政治，是根據一個「道」來講的。這個「道」，孔子是承繼著周公的。我們也可說周公的政治理想，也就是這個「道」。秦漢以後，儒家思想反映到政治上，我們也可說秦漢以後中國的政治，就是儒家思想的實施。當然我們不能說此下的中國政治全是儒家思想的，可是有儒家思想的主要因素在內，這是不成問題的。

大家知道，周公不是一個皇帝，孔子希望做周公。秦漢以下的政治，最要的就是皇帝下面有一個宰相，掌握著行政大權，實際是一副皇帝，而由他負責政治上的一切。在西方政治系統裡，像是沒有中國般的宰相。中國的皇帝照理只代表皇室，宰相則才是代表政府的。中國並沒有所謂「朕即國家」這觀念。在先是封建，在後是郡縣，這都是有一個統一的政府在上面的。不過秦以前是封建的統一，秦以後是郡縣的統一。郡縣制開始，宰相的權位就正式代表了政府。這裡面又可分為三時期。宰相，是漢代的制度。中書、尚書、門下三省，是唐代的制度。明、清兩代則是內閣制。

儒家思想之表現，往上是政治，往下就是教育。在漢代就有國立的太學了，這是從漢武帝起的。地方有郡、縣學。由郡、縣學推舉優秀子弟進太學，太學畢業就可以補郎補吏，跑進政界。漢代的學校可說是官辦的學校。國立學校裡的講座叫博士，博士講的是六經，六經就是周公、孔子的教訓。一般社會上的初級教本是《論語》和《孝經》，這都算是孔子的教訓。由教育加上行政服務經驗，再加上選舉，考試，而參加入政府，這是漢代教育和政治直接相通的關係。

可是當時書本都是手抄的，不易得，因此讀書人有限。跑進政府的，一個地方只有少數幾家。這幾家只要有了書本，就有了跑進政府做官的資本。此所謂「家世傳經」。若使家裡沒書本，那就要不遠千里去從師，把書本抄來。這非有相當財力的家庭辦不到。故曰：「黃金滿籝，不如遺子一經。」在這種情形下，政府的門雖然開著，實際上的道路還是有限。這樣就形成了門第，這就到了魏晉南北朝時代了。從前的子弟是進國家官立學校，到了門第時代，他們就看不起國立學校，都在自己家庭中讀書。東晉以後，宋、齊、梁、陳諸代，都只有幾十年的歷史。而做宰相做大臣的家庭，從東漢下來，都經歷了四五百年的長時期，文化傳統都在他們家庭裡。因此他們看不起政府。這樣一來，士大夫家就變成了門閥。一般平民，沒有受到教育以求上進的希望了。

# 五

在這時，佛教就跑進中國來。宗教本也是一種教。一般社會上人，總願意受教、領教的。社會上教育的門關了，另外有人來教，當然大家就走這條路。佛教在當時能有極大的發展，這也是一理由。若說世界亂了，宗教就發達；世界好，宗教就衰退，這話也並不全是對。因然魏、晉、南北朝是亂世，佛教來了。但唐代的世界不得說不好，而佛教還是很盛。宋代社會又不好，宋代的佛教卻衰了。可見宗教盛衰，和社會治亂，並不準是雙軌並行的。到了唐代，門第勢力開始解放，朝廷實施公開考試制度，大家都可向政府報考，考取後就可從政。可是這只是政府的一個制度，而指導人生的最高真理，那時已經不在儒家，而轉歸佛教了。那時讀儒書的人，一面跑入政治活動，而他們的家也還維持著一個大家庭的禮教，但對社會一般人生的領導精神則逐漸消失了。大家看孔子，就像周公一樣，是一個做宰相搞政治的，但指導人生的最高真理則在佛教了。

這時候一般窮苦子弟，沒有地方讀書，都進和尚寺去讀。那時的和尚寺，它的藏書也不全是佛經，一切書都有。做和尚的也並不僅通佛學，一切學問都講求。倘使他們不懂得孔子、老子，佛教還是不能在中國大流通。所以和尚寺裡有很多書本，社會上一般年青人到和尚寺去讀書，等到他們學成以後，做了大官，建功立業，老年退休或政事清閒時候，就到和尚寺去拜訪高僧，再討論人生最高的歸宿。所以唐朝人有些處很像近代的西方人，政教兩分。做事的時候一心建功立業，閒下來的時候，就進佛寺同高僧去談最高的人生哲理。當時就變成了世俗是中國的，而最高哲理方面則遠在印度。這在社會內心，終不免暗藏有一個衝突，使人心不安。正如今天的西方宗教是希伯來的，科學是現代的，政治是羅馬的，哲學是希臘的，這就使他們內心總有一個不調和的苦悶。

佛教來中國，經過魏、晉、南北朝時代的一段翻譯時期，那工作是極偉大的，幾乎把印度所有的佛經都翻完了。只如一部《金剛經》，就翻了七次之多，可見他們的精審不苟了。到了隋、唐，中國人就把印度佛教全部消化。於是遂有所謂佛教中國化，亦可謂是中國佛教的興起。中國人自己開宗創派，最大的有三宗，一是天臺宗，一是華嚴宗，又一是禪宗。尤其是禪宗，自稱為「教外別傳」。這是說在佛教以外的另一個別傳了。佛教最尊的是「佛」、「菩薩」，而禪宗只有祖師。凡是佛寺，必有佛像和大殿，但禪寺中，只有講堂，聽祖師講演。到後來，連一切經典都不讀了。這一派仔細說來，很有趣，這可以說是中國佛教的一個大革命。中國的六祖慧能，就等於西方的馬丁路德。但西方的宗教革命，曾經造成大流血。在東方中國，只在佛寺裡，嬉笑怒罵，平平淡淡地過去了。中國人的長處，便是能把許多問題在和平狀態下解決。有人說中國人尚柔，西方人尚剛，這話也有理。中國人像是和平些，圓通些。西方人像是嚴肅認真些，一是一，二是二，這並非不好，但有時解決不了真問題。而中國人卻輕輕淡淡地把此等問題來解決了。這也是一種智慧，可見國民性。

禪宗的故事極有趣，可惜我們不能在此來詳講這些故事了。總之，天臺、華嚴、禪宗，都是佛教之中國化。佛教講涅槃，本要在身後。修成佛菩薩，也不是一世的事。到了中國禪宗，就有「即身成佛」、「立地成佛」、「當下成佛」種種話。照這樣講，現在的我，心下一悟就成佛。本該從煩惱中覺悟，逃出此煩惱世界，才算是菩提。而照禪宗講，即在煩惱世界中，即可立得菩提了。那麼何必出家做和尚，菩提隨處可得。總之佛教的中國化，主要在把講求出世的道理，拖進這世間來。當然天臺，華嚴也都講的是這個道理，而到禪宗，則更直捷簡單化了。似乎天臺、華嚴尚多受佛家經典之纏縛，禪宗則更瀟脫了。

## 六

後來中國思想界，又從禪宗轉身過來，就變為宋明的理學家。唐代人生最高哲理在和尚寺，搞政治的，經商的，都是世俗的，不免要和此人生最高哲理隔一層。一切世俗既缺乏最高真理，因此唐代之指導，那必然會出毛病。雖然富強，然而到了最後，幾乎下不得臺，等於羅馬帝國般。羅馬帝國崩潰以後就不能再有羅馬，接著是一個黑暗時期。唐代一崩潰，下面也同樣是黑暗時期來了。五代十國，天地一片沉陰。在那時，逼得和尚寺裡的大和尚們，挺身出來提倡讀韓昌黎文了。唐代只有一個韓愈是闢佛的，當時的佛家當然討厭他。然而韓愈所講的是一套修身、齊家、治國、平天下的道理，上承孔、孟。五代十國時，這世界實在弄得沒辦法，只有和尚寺裡還保留一線太平治安，因此才從和尚寺裡的和尚們來提倡人讀韓文，讀《中庸》，讀孔子、孟子的書。到了宋朝，幾個偉大的學者，也都從和尚寺裡讀書出來的。因為當時仍沒有學校。

接下來就有宋儒，有宋明的理學家。理學家對中國社會有幾個貢獻，第一個是書院講學。有了書院講學，研究學問就有地方去，不必到和尚寺。凡是一個貴族社會，把知識的大門關著，宗教就會大發展。到了學校公開，知識解放了，宗教勢力就會撤退，這是一定的道理。宋朝人由釋返儒，一面接受了佛教菁華，一面再來重講孔子。但宋朝以後人就不大講周公，而愛把孔子、孟子聯起講。從前漢朝人讀書，幼學讀《論語》、《孝經》、《爾雅》。《爾雅》只是一部字典，《論語》、《孝經》也不算經。到了大學就讀五經，這都是講治國、平天下的。宋以後，中國出了第二個孔子，這就是南宋的朱熹朱夫子。朱夫子最偉大的貢獻，在他另編定了《論語》、《孟子》、《大學》、《中庸》為四書，奉為此後中國人人的必讀書。其實〈大學〉、〈中庸〉只是《小戴禮記》中兩篇文章，並不是兩本書。《小戴禮記》，是「記」不是「經」。從前漢代人小學讀孔子《論語》，大學讀周公孔子的五經，五經中孔子只有《春秋》一經，主要是周公的，不過孔子亦曾下了一番工夫在裡面。宋朝人看不起漢朝人，說你們看孔子，至多看他是一個政治家，沒有能看到孔子是一個指導人生最高真理的人。其實宋人也是只有如此才能把孔子地位再來代替出釋迦。

到了朱夫子出來，教人讀四書更重於讀五經。從前是把孔子承接周公，現在是把孟子承接孔子，在《論語》、《孟子》以外，再加上《大學》、《中庸》，如是則孔子就成為中國學術思想史，即全部文化史中間，第一位最高人物了。朱夫子又替我們定了一個閱讀程序，先《大學》，再《論》、《孟》，最後讀《中庸》。讀五經只能限在少數人。漢代正為提倡讀五經，纔形成了此下的門第。現在讀書人多了，社會日趨平民化，不能叫每個人都去讀五經。而且現在的時代又不同了，讀五經，究竟關係在古代社會現實方面的多，後代人讀了不容易明白。所以朱子就教人在讀五經以前先讀四書，四書都是原理原則的，比較時代隔閡少。朱子把儒學簡單化，平民化了，正如禪宗把佛學簡單化平民化一般。只有如此，纔能把當時中國社會上的佛學勢力接收過來，但朱夫子已經是宋朝將臨末年的人了。他死後，南宋不久也亡了。

當時中國本分成兩個，朱夫子在長江以南，長江以北是金朝人的天下，已經是外族統治了。元朝人統一中國，朱夫子的學問就從長江以南傳到長江以北去。當時有一位趙復稱江漢先生的，蒙古人打進來，讀書人都當俘虜去做工，他到了俘虜營裡，半夜偷跑出來跳江自殺，被人救了，勸他跟著到北方。他把四書背誦出來教北方人。本來四書也就很容易背誦，連朱夫子的註解一同背，也不很難。趙復到了北方，開始拿這套學問來教人。於是朱子學反而得流傳到北方去。元代統一以後，中國南北到處設立書院來講學，主要講的就是四書。元朝亦承接著唐宋的考試制度，但考試的主要項目，亦在四書。明代承之，科舉取士仍重四書。這件事現在又有人隨便胡說，說明太祖姓朱，朱夫子也姓朱，所以明代考試用朱夫子的書。其實哪裡是這樣。

明代考四書，也該要編一部參考書，這就是《四書大全》了，我們只要一看《四書大全》，便可悟得朱夫子死後，到明太祖起來，經過元代這八十年，讀朱夫子書的人不曉得有多少。明代得天下，朱子四書的地位已經準備好在那裡了。從明到清，中國人考試主要考四書。兼考五經，不過是聊備一格。只要是一個讀書的中國人，這七百年來，是沒有一個不讀朱夫子的四書的。

## 七

無論一個國家或社會，總要有幾許共通之點，為大家所共尊共信的。若拿法律來統制人，這只是消極的。殺人者死，傷人及盜抵罪，我不偷東西，不殺傷人，就沒事。但一個社會不能如此維持，更不能如此期望有上進的。總要有一個向前的共同標準，這標準又得簡單而有廣大深遠的意義。近代西方人，沒有不讀耶穌《聖經》的，至少在這一點上，他們社會是有一個共同中心的。

中國自漢到今，一部《論語》可說沒有人不讀，已經有兩千幾百年的歷史了。只有今天，在中國人心目中，已沒有一本書該是大家都要讀的。一個民族要向下維持而沒有一本大家公認，人人該讀的書，這真是危險的。現在的中國人，有的說十億，有的說十一億，相互間沒有一個共通的尊信，這不可怕嗎？因此倘使將來的中國，要把從前的傳統接續上，再求向下維持，至少這一部《論語》是要承認的。我們中國今天高呼要打倒孔家店，孔家店打倒了，又來一個什麼呢？或許你可以信仰耶穌教。但耶穌教同中國人，在眼前是仍有一個距離的。歷史進展也有成熟不成熟，和合不和合之分。

講到這裡，我覺得西方人現在在中國傳播耶穌教，似乎不如已往佛教般順利。因當時主持佛教的大師，都是中國人。西方人來中國傳耶穌教，歷有年數了，但大部分牧師神父卻多是外國人，因此耶教就不易在中國生根了。還有一點，中國人信佛教，千辛萬苦去印度求法。耶教在中國，信受了便眼前得許多好處，甚至見稱為吃教。這會引起社會上反感，使宗教流布轉生了障礙。孔家店打倒了，耶穌一時跑不進人心，無怪馬克斯要乘虛而入了。既成了一個社會，勢必有一個共同的所尊所信，那是無法拒絕的，否則這社會也快解體了。

中國社會本是政教一體的。士的一流品在中國社會之重要地位便在此。當然諸位可以舉出許多例，如說天下亂了，政治不清明，官吏貪污，讀書人罪行多端。但此刻我們所講是儒家的大原理大原則，事實上的例外是有的。等如我們講耶穌教，也只能舉耶穌教的大精神大原理來講，我們不能單根據一個流很多血的宗教戰爭，或者幾個牧師神父傳教時的越軌行動，來一筆抹煞耶穌教。中國讀書人在鄉村做土豪劣紳，跑到政府做貪官污吏，在歷史上亦不可勝數。可是一部中國歷史，是由儒家精神士的精神維持下來，這是無可否認的。這種精神發揚開來，這個時代就好。這種精神頹敗了，這個時代就不好。

到今天，我們這個傳統是切斷了。今天以後的中國，等於一副牌打過要重來，一盤棋下完要重下，一座房子拆下要重建。而這座房子還沒有拆乾淨，還屹立在這裡，我們對舊的應該有一個安排，對新的應該有一個準備。朱夫子當時，也並沒有完全照著孔子。王陽明也沒有完全照著朱夫子。我們今天應該了解一個大趨勢，在中國應該怎樣來安排下面的新局面，此刻中國的毛病究竟在那裡，我們不能沒有對過去的知識，來為當前下手作參考。

# 第三章　中國文化本質及其特徵

## 一

我們上面已經講過中國民族和社會的歷史，現在我們要講中國的文化。要講中國的文化，我們先要講「文化」二字究竟指的什麼。這兩個字，西方人也有各種講法，沒有一個統一的意見。我今天所講，也不一定就是其中最好的意見。我以為文化就是人群整個全體的生活。個人的人生，不能就叫做文化，文化一定是指大群的，因此要從全體來講。而且這個全體還不是一個平面的，應該是一個立體的。不僅是人生的各部門、各方面，還要有一個歷史的傳統在裡面。因為我們的生活，不論任何一部門、一方面，都有一個歷史性的傳統在裡面。譬如我們穿衣服，吃東西，住房子，都有長時期的歷史演變直傳到今天，而且尚有將來無窮的持續。因此我們講文化，要拿各時代、各部門、各方面，過去、現在、未來，綜合在一塊來講。所以文化必有一個體系。外國人一到中國，就會覺得中國人的生活，從各方面講，都和歐洲不一樣，這就是文化的不同。由這一點，我們可得到一個很淺的印象，覺得這個地方的社會和那個地方的社會有不同。因為這已經是人生的各部門、各方面、各時代，都融合在裡面了。

我們今天講文化的體系，我以為要拿我們的生活分成幾個階層來講。第一階層是物質的，也可以說是經濟的，包括衣、食、住、行等等。這是文化的第一個基礎，沒有衣、食、住、行，就沒有人生，沒有文化，這是很重要的，這是最底層的第一個基礎。進到第二個階層，就是一種群體組織的，也就是人與人相處的一種社會的生活。譬如我們處家庭，處社會，處國家，都在這種生活中。一個人開始生到社會上來，首先就是要解決他第一階層的生活。這種第一階層的生活，普通動物也有。第二階層，就要組織家庭、社會，有政府、有國家了。這是群體生活，惟人類始有之。到了第三個階層，這就應該到了心靈陶冶的生活了。到了心靈上的生活，這就有文學，有藝術，有哲學，有宗教信仰了。

我想大體上我們可以拿文化的各部門、各方面分成這三階層，從第一個跑進第二個，再跑進第三個。當然我們也不能嚴格的分，譬如我們的衣、食、住、行，吃飯是一個家庭在一起，住房子也是一個家庭在一起，我們的經濟，從深處講來，實不啻一個民族、一個社會、一個國家和合在一起。在群體生活的這個階層中，父子夫婦就各已有了心靈的生活在裡面。夫婦有愛情，父子有孝慈，這就是第三階層已經在第二階層中現出了。

今天的人生，這三階層早已融成一個了，但我們為研究討論方便起見，不妨分成三個階層來講。譬如我們最先組織了家，當時還許不懂得講夫婦父子之愛，慢慢的在這裡面就發現出一種精神的、心靈的生活來。我們固然不可能沒有第一階層物質經濟的生活，可是我們不能只停留在第一階層的生活中，而第一階層的生活也不能決定了第二第三階層的生活。這就是說，生產條件不一定能決定家庭組織和宗教信仰等。共產惟物觀的一偏之見，今天我們不必講。我們且把此三階層，來看世界各個民族的文化體系。我們今天只想粗略的來講三個大體系，一個是中國，一個是歐洲，一個是印度。

# 二

在這三個大的文化體系中，我們只能說印度是一個早熟的文化，它的發展是畸形的。印度的氣候炎熱，物產豐富，物質生活很容易解決，因此在物質生活上，反而不能發展到一個高度去。再拿印度的地理來看，三面環海，海邊還有高山，北方也有高山阻障，只有西北有一條路可以向外交通。現在的印度人也是從這條路跑進印度的，以後從這條路跑進印度的就很少。像亞力山大和蒙古的軍隊打進去，這在歷史上是不多見的。因此印度對於第二階層國家群體的發展也不高，因他們不感覺有此需要。但印度文化也曾發展到最高的一個階層去。如其在宗教、文學、藝術、思想方面，不能說印度沒有一番成功。這種情形，就等於一個人心臟腸胃手足都不健康，而那人的腦力特別豐富，智慧特別高。這可以說是一個天才，也可以說是一個病態的人。所以我說印度文化是一個畸形的、病態的。這當然也是受了天地自然的影響。

西方人的文化，我們可以說是從希臘人的個人主義，羅馬人法律、軍事、政治的群體組織，再加上希伯來的宗教信仰，由這三方面合起來。實際上西方的宗教起得後，先有希臘、羅馬，才有耶教。耶教到羅馬去，當然也要受羅馬的影響。因此在耶穌教裡面，自然就已經有了希臘文化和羅馬文化的成分。耶穌固然有一種博愛精神，實在說起來，裡面也有一種希臘的所謂個人主義。

譬如我們同在一個教堂裡，多少人同在一起禱告，但是我的禱告和你的禱告，相互間可以沒有關係。每個人都想直接接觸上帝，這就是一種個人主義了。我們研究耶穌教的理論，它是很多採用希臘哲學的。諸位倘使是教友，研究他們的神學，有的是採用亞里士多德，有的是採用柏拉圖。拿希臘的哲學思想和耶穌的教義配合起來，主要的還是有個人主義的色彩。不過同時耶穌教特別堅強的有一個組織，這就是羅馬精神之表現。天主教的教會，到今天教皇在梵締岡，他可以沒有國家，沒有政府，而在全世界保留一個嚴密的組織，可以維持這許多年下來。這個教會組織就是羅馬精神了。因此耶穌教開始只有耶穌的教言，後來的神學就有希臘文化參入，教會組織就有羅馬文化參入，實在耶穌教已經容納了希臘精神和羅馬精神。以後又有文藝復興，我們更不能認為今天的耶穌教就是耶穌教，和希臘、羅馬文化分開講。這樣再加上現代科學，四個來源湊合起來，就是今天的西方文化了。

我們拿中國文化這個體系來同印度的體系作比較，我們覺得中國文化是健全的。是從物質階層進到群體階層，再到心靈階層，這三階層又分配得很均勻，不像印度人單在一方面發展。倘使拿中國文化同西方文化作比較，西方文化是複體的，希臘的、羅馬的、耶穌教的，再加上他們自己原始的民族性，再加上近代的科學。他們的文化多半是外來的，宗教固然是外來的，哲學也是外來的。因為今天的歐洲人，不是希臘人，也不是羅馬人，有他們原始的民族精神，有他們本來的天性，再加上這三種外來文化和現代科學，因此西洋文化是多彩多姿的，其短處在不容易調融和合，時時在內部起波瀾，起衝突。中國文化是一本而來的。我們今天拿中國文化同西方文化比較，當然中國文化有它的發展，也有它的短處。

我們談文化比較，不能空洞的講，要拿現實成績來講。我們要知道文化演進，決不是一條直線向前的，從來的歷史都不是直線向前的。我們近代接受了達爾文進化論的觀念，往往認為下一代比上一代進化了，這話實在不可靠。尤其是我們看歷史，歷史是波浪式的往前進，決不是直線的。

倘使我們把中國歷史照波浪式畫出來，又把歐洲歷史也照波浪式畫出來，再來兩面相比，應該是中國的比歐洲的平均高一些。在清代乾隆以前，中國人在此三個階層的文化造詣上，決不下於西方人。馬可孛羅來中國，回到西方，寫了一部遊記，西方人見了，決不相信世界上會有這樣一個國家。偌大的地區，只有一個統一政府，到處有城市、有商業，而沒有關卡，沒有軍隊，大家安居樂業。這樣的世界，在西方當時是不可想像的。我們即拿今天的西方來看，各位到西方去，坐在餐車裡打一個盹，就會換一個國家，就有人上來查你的護照。直要到近兩三百年，現代科學出現，世界才變了樣。

我們拿物質文明來講，羅馬也絕對不能比中國的唐代。雙方縱說富強相似，唐代的宗教、文學、藝術種種人生的高境界，羅馬都比不上，而如羅馬的鬥獸場之類，在唐代也沒有。我們儘往上看，無論哪一時期，把中西文化，拿波浪形畫出兩條線，中國文化決不比西方文化來得差。可是從道光以後，我們是在直線下降，西方是在直線上升。這時以來，處處相形見絀不用說。但我們總不該單把此一橫切面來推斷雙方之全進程。

## 三

一百年來，中國受西方帝國主義的壓迫，使中國變成一種次殖民地的地位。此事說來亦簡單，主要一件，像如紡織物的侵入到中國的鄉村。當時中國鄉村，每個家庭裡，紡紗織布本是一個重要的輔業。自從英國的紡織品賣到中國來，中國人都買洋布穿，此種家庭婦女的手工業就完全崩潰了，中國人的金錢財富源源流到英國去。衣服是人人要穿的，春夏秋冬四季，每人做一身衣服，當時的中國四萬萬人，要多少尺布？英國的洋布，棉花從印度來，紡織成了布，就向全世界銷，而銷數最多的是中國。中國農村破產，就從買洋布開頭。所以印度的甘地反抗英國，第一件事就教印度人不要買英國布。他自己帶一架手搖車，由自己親手來紡紗。這是很有意義的。不料一百年後，香港的布匹轉而暢銷到英國去，英國蘭開夏的資本家講話了，他們說香港布再這樣銷，他們就不能生存了。英國國會當然代表民眾，出來要求限制香港布的入口。這雖是一件小事，卻大可玩味。首先我們該把眼光放遠一點，世界的情形不是到今天就切斷，下邊不再有變化。

我們講文化，豈能專據眼前講。即就專據眼前，英國人到香港來販鴉片，中國人反對，才有鴉片戰爭，把香港割讓給英國。現在是香港的中國人到英國販布匹，英國人說該限制，香港紡織商人也就答應了。中國人固然好說話，然而這件事不能不說是英國人的一種恥辱，這是一件歷史文化上的恥辱呀！香港是哪樣到英國手裡的呢？還不是因販鴉片打來的。布匹與鴉片不同，而且香港目前是他們的殖民地，他們卻要限制香港布匹去英國。若就我們東方人的傳統文化觀念來評觀，這哪能算合理？寫在歷史上，哪能算光榮？又如何能服得人？

我們當知一個國家也不能純講武力和經濟，總應有一個人生大道在裡面。倘使我們真信仰有上帝，或真信仰孔子的理論，倘使我們真認識人類幾千年歷史不斷的演變前進，我敢告訴諸位，若單就這一點言，英國的前途，不會老在中國人之上。我此十年住在香港，香港這一個小地區，十年來流亡到那裡的人，居然能把他們的紡織業威脅了蘭開夏的存在。蘭開夏的紡織業，就是一百年來大英帝國殖民政策的一根大管子，中國人的血都從那根大管子抽去。而今天他們卻說受了香港流亡人壓迫了，這不是值得發人深省的一件事嗎？

我們總說科學為什麼不到中國來，我敢說這只因社會不安定，並不需要打倒孔家店，把線裝書扔毛廁裡，廢除漢字，把大家洗了腦，科學才會來中國。中國這幾十年來，一年到頭在打仗，社會不安，科學怎麼能生根？在殖民地的香港，才有十年安定，各種事業也都起來了。倘使中國大陸也能有十年安定的話，就以香港為例，香港人就是中國人，可見孔家店不必打，線裝書不必扔，漢字也不必廢，科學仍然會來中國。中國人去西方學科學，儘有成績出人頭地的，中國人哪個不喜歡發財？哪個人不能經營一個公司行號？我們不用怕，政治一安定，科學就在中國社會生根了。道在邇而求諸遠，許多人閉著眼睛瞎講，說中國文化同西方文化衝突了。其實何嘗是這樣？科學到中國來，中國不是不能接受的。這一百年來中國社會不安定，科學不容易生根，這也是簡單易明的事。

我們今天不如西方人，這也是一時代的事。明天的中國，誰也不知道。從第一次世界大戰到第二次世界大戰，再到今天，英國領導世界的地位已讓給了美國人，法國人更像在走下坡路。中國人至少在此五十年間是在翻身往上爬，這個端倪，從辛亥革命就已經見到了。

## 四

所以我們講文化，應該把雙方作一個比較，而這個比較一定要放大眼光，要拿人類歷史全進程來講，不能橫切一短時期來講。在今天的橫切面上，當然中國不如西方，誰也不反對這話。可是今天的我們，不能代表中國文化的光榮面，我們的時期，不是中國文化到達了最高表現的時期。

如果說我們現在就是中國文化最高表現的代表，我想誰也不能這樣講。我們今天是在墮落時期中，我們的祖宗並不曾永遠在墮落。墮落的是我們，而今天的我們不自負責，卻說中國傳統文化不好。今天的我們，懂得了世界潮流，懂得了時代趨勢，懂得了從前的中國人一路都是錯。我想我們如此講，似乎太不公道吧。簡單說一句，大家不研究歷史，隨隨便便提出文化改造的口號，那裡有如此簡單的事呢？

文化體系好像七巧板，七塊板子拼起來，可以拼成一個建築物，拼成一匹馬，一條船，或者一個人。用各種方法可以拼成各種花樣。文化體系，乃是更複雜的七巧板，就物質人生講，就有農、工、商、礦、漁、牧等各業。就群體生活講，就有家庭、國家、政治、法律種種。就心靈生活講，又有藝術、文學、哲學、宗教等。各系文化中各部門的內容，似乎都是差不多。因此有人說，大家是個人，文化只該是一個，如何硬分東方和西方？西方人進步了，東方人落後了。東方人能進步，也就會像現在的西方。今天的中國，則只能同西方的中古時期相比。這種話雖不是在主張惟物史觀，實已很近乎惟物史觀的道路了。

前面我們講過，共產主義和我們最大的一個不同之點，就是他們不承認有「異」。他們不承認有異民族，不承認有異文化。照他們講，人類是一體的，沒有東方和西方。中國在共產主義的蔓延時期，高談文化問題的人，其實也一樣。所以他們要來做啟蒙運動，要來一個中國的文藝復興。

因為他們想中國人往前一步，便會像西方人。這種講法，可以說和共產主義貌離神合，樣子不同，精神卻一。我的看法，這七塊板中，只要一塊的位置換了，塊塊都得換，只換一塊板，其他六塊都要跟著動。

我姑舉一個淺顯的例，中國人講孔子，西方人講耶穌。此兩人是有其不同之點的。他們在中西文化體系中，也如七塊板中的一塊。雖然孔子不是宗教主，他也在那裡教人做人的道理，和耶穌有其相同點。但我們今天主要在求其異。我覺得中國孔、孟像是板著面孔講話的。忠孝呀！仁義呀！道德呀！甚至說：「魚，我所欲；熊掌，我所欲。二者不可得兼，捨魚而取熊掌。生，我所欲；義，亦我所欲，二者不可得兼，捨生而取義。」孔子說「殺身成仁」，孟子說「捨生取義」。中國人講道德，連生命都可捨。當然耶穌也上十字架，然而雙方的講法確有些不同。中國人講道德，總是你該這樣，該那樣。你該孝，父母不慈仍該孝。你該忠，國家昏亂還該忠。西方人跑進教堂，或者晚上在自己床前跪下禱告，他說：「我錯了，請上帝赦我。」西方人的宗教，像是放你一條路似的。一個兒子去從軍，老母送行，沒辦法，只好請上帝保佑。中國人怎樣呢？如像岳武穆的母親教她兒子，她儘說你該為國忘家，到前線再不要怕死。這就是中國道德教訓和西方宗教不同之處。

中國人沉浸在此種道德教訓中，似乎一舉一動，處處受束縛，這裡便該談到中國的文學和藝術。我認為孔、孟之書，和中國的文學和藝術，是一張一弛，相互為用的。這兩塊七巧板配搭在一起，就有一個平衡。西方的文學藝術，是站在人生前面的，它在鞭策你向前，倘使碰了壁，就到教堂裡，上帝赦我！上帝幫我忙！他們的文學常是火辣辣的，教堂裡的唱詩禱告則是溫暖的。倘使我們拿中國常用的「陽剛陰柔」四個字來講，孔、孟道德教訓是陽剛的，而中國的文學藝術則是陰柔的。西方人的文學藝術是陽剛的，是刺激人積極向前的，而西方人的宗教則是陰柔的，解放人、安慰人。中古時期的人，老在教堂裡禱告。一旦文藝復興，他們的文學、藝術、音樂、舞蹈、戲劇，都教人向前，此所謂由靈返肉，碰了壁還有個教堂在那裡。

今天我們中國人，能欣賞中國文學藝術的太少了，大家都喜歡跑進電影院看電影，看了回來，晚上會使人睡不著覺，這些都是熱辣辣的，刺激人，興奮人。它就是要你的心不安，要你往前跑。西方人碰了壁，闖出問題來，還有個慈母耶穌教在旁邊。我們怎樣辦呢？所以我們儘愛外國文學，看外國小說，也就該信耶穌教。因為人生儘向前，該有碰壁的。碰了壁，有一個慈親在那裡可以安撫你，慰勉你。孔子、孟子講忠、孝、仁、義、道德，我們今天的教育，還脫不了此種傳統。我如我現在住在山上，房間是忠字第幾號，那邊是孝字幾號。社會上還是要我們忠，要我們孝。我們得閒夜間去聽一段平劇，如梅蘭芳貴妃醉酒，載歌載舞，聽了，全心都放下，晚上睡覺，沒有一件事在心裡。即如像四郎探母之類，劇情是緊張，夠刺激人的，但劇情放在清歌妙唱中，不比西方話劇，硬綳綳，太現實了。而且如四郎探母，臨收場，兩個國舅由小丑扮，胡鬧一場，仍使人心下輕鬆，叫你不要太鄭重，太認真。又如看一幅中國畫，幾根竹子，一雙小燕，溪邊小船，山上白雲，那都是何等灑脫，幾使人如在世外。我們讀陶淵明的詩，心地自淡。讀杜工部的詩，雖是這樣艱苦備嘗，關心君國，讀他的詩仍是心中解放。異代同情，好像得了一安慰。

所以我們若真要認真接受中國孔、孟教訓，同時應該了解一些中國的文學和藝術，這些不是老在你背後鞭策你向前，或老在你前面引誘你向前。鞭策你誘導你的是孔、孟，猶如家中父兄。退下來有陶淵明、杜工部，這就是慈母和姊姊，可以使你解放得撫慰。西方文化這兩面是顛倒過來的。倘使中國的小孩子，看了西方電影，跑進學校，還是在「學而時習之」呀，「何必曰利」呀，這樣地教他，那將如一種苦痛的刑罰，將會使他內心失卻平衡與調和。因此事情總是要各方面有配合的。中國社會直到今天還能安頓在這裡，其中必有一道理。如果什麼都不注意，隨便一句話說我要這樣，要那樣，是會人歧途闖亂子的。

西方的宗教，講上帝、講天國、講靈魂、講身後，這些東西都不在眼前，都是淩空的。我們讀他們的小說，看他們的電影，看他們的畫，那就現實得很，都像是實實在在你面前的。一篇小說裡敘述一個人，就如這人在你面前，描寫一個房間，就像你真跑進了這房間。中國人的教訓，父子、兄弟、夫婦、君臣、忠孝、仁義，都是具體的，現實的，一點也不玄虛，不脫空。但是一到文學藝術境界，就不同了。風花雪月，流水行雲，都像離開了人世間，都淩空了。

現在我再要告訴各位，中國的文學家，具體說來，他們的生命實都是悲劇性的。最早如屈原，便是一例。最具體，人人俱知，最可作代表性的，便如宋代的蘇東坡。他的一生，進過監獄，幾乎遭了死刑。屢遭貶謫，最遠到了海南島。即如他在黃州的一段生活，也可算得十分悲涼了。他有名的〈赤壁賦〉，便成在當時。即如他同時稍前的歐陽修，又如歐陽修最所崇仰的唐代韓愈，他們的具體生活，也就十分悲涼，甚難詳說了。我上面舉到的陶淵明和杜工部，已可算得是文人中命運較好的。所以韓愈說：「文以鳴不平。」其實除古文外，駢文、詩詞、歌賦，乃至以下的傳奇、戲劇全如此。這哪能和西方文學家戲劇家的實際生活相比呢？要在西方文學家中找一位和我們中國文學家生活比較能約略相似的，似乎只有俄國的托爾斯泰一人了。所以中國的文學藝術，全是在艱難痛苦的實際生活中來自作安慰的。而西方的文學藝術，則是在引誘人領導人，進向一想望快樂的生活中去。那又是中西文化一絕大不同點。但我這裡所講，實在亦不止於文學之士，即如孔顏樂處，亦就可想。這些留待下面再講。

## 五

所以我們要了解一件東西，要在他的整個裡面去了解，要在全體中間去了解。講到任何一項學問，也該在整個文化體系中去了解其意義與地位。這就關係落實到具體問題上來了，那就很複雜。譬如民主政治中之競選吧！在西方，像像樣樣一個人，到處去演講，你們只舉我就行，他當眾指摘對方的競選人。史蒂文生在批評艾森豪，艾森豪也在批評史蒂文生。競選完畢，雙方握手，如無其事。可恨中國社會急切學不成那一套，大家推舉他，他還得說，怕我不勝任，既然大家相強，讓我勉為其難吧。這在中國還說是君子之道。我不能公開罵你，也不能自己說我比你強。在中國這種傳統之下，一旦要移風易俗，來作西方式的民主競選，真是談何容易？文化體系之不同，實是很具體，亦很複雜的。所以我們講文化，講歷史，定要從全體裡面去了解其各部門。拿各部門分開來，我研究政治，你研究法律，要能大家配合起來。譬如造房子，我做窗，你也做窗；我做門，你也做門，窗有長短，門有大小，大家各不相關，埋著頭去做，拿來配不成一所房子的。定要先有一個整所房子的計劃，由此計劃圖樣分頭做門窗，拿來才配得上。

因此，我覺得，我們將來應該添一門學問，就是文化學。從前沒有經濟學，現在有了。從前沒有社會學，現在有了。從前沒有文化學，不久亦當會有。這不是講歷史，不是談哲學，須要把人類文化的各方面各部分整合起來，做一門學問來研究，這是將來極大的一個工作。今天西方雖也沒有這樣一門功課，但講歷史的人講文化，講哲學的人也講文化，早已注意到此了。我們這幾十年來，也慢慢喜歡講文化，但還沒有認真地去講，好像一講到文化就什麼都可講。當然我們也可說抽大煙，打麻雀，女子裹小腳，這些都在文化裡面。可是真講文化，不能如此專在太瑣碎處講。以前女子裹小腳，中國社會是這般，以後放了天足，中國社會還是這般。今天中國，已很難找到女子裹腳的，但是中國社會並沒有大變，因為女子裹腳在文化大體系中，實在並不占重要位置。譬如一所房子，偶然在那裡有一點髒，拿掃帚一掃就行了。你不能專著眼在這一點髒上，說這所房子根本要不得。果使一所房子的價值，就在這一點髒的有無上，那就太簡單了。打麻雀，也如此。我們今天可以訂下一個辦法，像馮玉祥以前在洛陽一樣，大家都在打麻雀，他晚上派人出來查，查著，叫這四個人擡著桌子出來遊街，以後大家就不敢打麻雀。但大家不打麻雀了，中國的政治、社會、人生，還是照常，沒有能真把中國救了。這因主要問題並不在這些上。若真在這些上，那就容易了。

西方人初來中國，就喜歡看這些。他遇見一輛獨輪車，一邊坐一位老太太，一邊放一頭豬。他就說，這就代表中國的人生和文化了，他必然會拍張照片，寫條新聞，作一報告。他不知他所見甚小，值不得大驚小怪。從前前清時代我們都拖一條辮子，後來全把辮子剪了，但中國文化傳統還是照常。這些全是外皮，一個人面上生一個疤或瘡，這不比心臟有病，我們不要太看重這一個疤和瘡，要看重心臟。但什麼是文化中的瘡和疤？什麼又是文化中的心臟呢？這就該有研究了。

# 第四章　中國傳統文化中之人文修養

## 一

幾年前有一個人問我，你常講中國文化，能否扼要用一句話來說出中國文化的特點呢？我說，這層我還沒有想。事隔多年，我自己認為，可以作為講中國文化的一個中心領導特點的，那就是「道德」兩字了。

我說「道德」兩字是中國文化特點，即其特殊精神之所在。那麼西方人是不是不講道德呢？當然他們也講。但我們拿中西文化來作比較，中國文化是注重於人文精神的。當然也沒有一個文化不注重人，不注重社會。但中國文化則徹頭徹尾看重這一面。

我們拿哲學來講，哲學思想中有一個極難解決的問題，就是關於宇宙論，以及形而上學的問題。在中國思想裡，卻不大認真去講這些，因此歐洲人以及印度人講哲學，他們常若世界是有兩個，亦可說有雙重的。中國人似乎認世界只有一個，只是一層的。這話怎講呢？也就是說中國人心目中只有一個天地，沒有兩個天地。佛教進中國，和中國思想發生衝突，就在這些上。不過我們今天不是來講哲學，不能在此多所闡發。

普遍說，中國人是現實的。我想人生不能太現實，太現實要出毛病的。中國人的現實，只是理想和現實融在一起，打成一片的，都在這一個圈子裡。西方人的現實和理想則是兩層的，譬如說靈魂肉體吧，從肉體生活到靈魂生活，靈的世界到肉的世界，這是雙重的。中國人並不是只講肉體，不講靈魂。也不是只注重人生，不認有天堂。但中國人是拿這兩個觀點和合在一起了。

當然我們現在講文化，我們不能從政治、經濟、社會、家庭、法律、藝術、文學等等，儘無窮的各自分別來講，我們只講一個指導人生最大的方向、最高的理論。我們且從西方的宗教和中國人的孔孟思想來講。

上面我們說過，宗教在西方文化體系中，是占一個主要地位的。現代歐洲史，要從中古時期北方蠻族接受耶穌教講起。希臘、羅馬，只是把來安裝在上面的。今天西方的科學發明，並不能動搖泯滅他們的宗教信仰，而且今天西方人還在那裡希望復興宗教。中國人主要是講儒家思想的，便不再需要有像西方般的宗教。倘使西方人要深入研究宗教，他們就要進神學院。但中國人講儒家思想，主要在研究心性之學。宋明理學家在中國思想史上的貢獻，就為他們能注重在研究心性之學上。所謂修身、齊家、治國、平天下，都還是擺在外面的。正心、誠意，纔鑽到裡面去，才是所謂心性之學。

這個「心」，西方人是不講的，西方人只講靈魂。講靈魂就講到神學，因由靈魂可以直接到神世界。到了近代的西方人，他們有了科學，從物理學、生物學、生理學，才接上有心理學。十九世紀時代英國有一個口號，說他們研究心理學，一定要研究一個無靈魂的心理學，要把靈魂撇開，才始能有心理學的研究。我們從「無靈魂的心理學」這句話中，就可看出西方人認「心」有兩個，一是靈魂，另一始是心。他們怎樣來研究人心呢？我們讀西方心理學的書，都知他們是先從所謂視覺、聽覺、觸覺、嗅覺、味覺各方面研究起。研究我們的眼睛怎樣能看，耳朵怎樣能聽，其實這不過是物理學加上生理學。慢慢研究下去，又有動物心理、比較心理、發展心理等。在西方人觀念中，心是人禽所共的，只有靈魂纔是人所獨有的。他們把心下儕於物，而把靈魂上通於神，這就成為兩個世界了。

## 二

英國哲學家羅素，認為近代西方心理學界有兩大發現，一是俄國一位心理學家名叫巴夫洛夫的，他發明了一種所謂「制約反應」的學說。他把一條狗來作試驗。他裝了一盞紅色電燈，電燈一開，即同時放上一塊肉，狗想吃這塊肉，嘴裡唾液就流下。一次又一次試驗，多少次以後，只開那電燈不放肉，那狗一樣地流下唾液來。這是近代西方心理學界所謂極大的發現。可是這個發現太悲觀了，人類各自有一個心，而自己不能自主，豈不可嘆！一塊肉和一盞電燈放在一起，當初是因為有肉而嘴裡流下唾液來，以後成了習慣了，只開電燈，一樣流唾液，人類當然也有這樣情形的。西方心理學家就愛把動物來作研究，再把動物心理來講人類心理。養著老鼠、兔子、狗、猴子，一天到晚來作試驗，試驗有了結果，就拿來講人的心理了。第二步就試驗嬰兒小孩。拿嬰兒小孩的心理，也可來講成年人的心理。慢慢講下去，就講到群眾心理。從前的希特勒，現在的共產黨，就是抓著群眾心理的。一句話說一遍，人家不信，說三遍五遍，十遍八遍，人家也就信了。馬克斯！馬克斯！永久叫著馬克斯，人家覺得馬克斯總該有些道理，就容易接受了。他叫你舉手，叫你歡呼，也許你心裡不很贊成，但這他不管，你只要舉手，只要叫希特勒萬歲！史達林萬歲！你叫上十次百次，就會真的覺得尊嚴在那裡。這個道理，也就如蘇俄那位巴夫洛夫研究狗的心理一樣，你的心不由自主了。西方資本主義社會的廣告心理也如此，你只要廣告登得多，東西就可推銷掉。可見今天的資本主義世界和極權統治的世界，都會利用人類心理上的某些弱點的。

羅素所說，近代西方心理學的另一大發現，則為奧國醫生，名叫佛洛伊特的，在第一次世界大戰時，軍隊前線士兵很多發生高熱病以及神經病，送進醫院，那位奧國醫生在這些病人身上就研究出一套所謂潛意識的學說來，此種學說又稱「精神分析」。俄國的那一套，所謂「制約反應」，是說外面東西刺激來，你怎樣反應，他可以限制約束你，使你照他所想般去反應，不由你自主。

所謂「精神分析」，是講我們人心，可分為兩種意識，一種是顯意識，浮在上面的，一種是潛意識，沉積在下面的。假如我們的意識層可劃出一條界線的話，潛意識就是我們有許多意識被壓制了，沉積到那條界線下面去。人總不免在平日間有許多欲望或衝動，或者受了外面約束，有許多是出於自制，把這許多欲念與衝動壓制著，他自己也不知道。可是這許多欲念或衝動卻依然存在，只是壓抑在心的下面成為潛意識。到了我們自心的約束比較鬆懈一點的時候，好像門沒有關，小偷就跑進來，好像先生不在，小學生就胡鬧般。我們晚上睡覺，意識作用鬆懈了，這種潛意識跑出來活動，這就成了夢。倘使我們平常有一點修養的話，那些潛意識還不敢徑就暴露真象的跑出來，還得變一個樣子。譬如我們日間在街上看見一個漂亮女郎，一時很想能同她握手談話，和她接近。可是情勢不便，街上許多人在那裡，怎好意思呢。在這種情形下，這個不好意思的意識就壓下去了，可是並不是全消失不存在你心裡。到了晚上睡覺，這個未滿足的心理要求，就會跑上意識線上來。沒有修養的人，會徑自看見那女子。有修養的人，他心上常有戒備克制的能力，晚上睡了他還能自己控制自己。他夢到花園裡，摘下一朵花佩在衣襟上。其實花就象徵那女郎，插花在衣襟，就算了卻你日間的心願。又如一個小孩子，家裡來了客人，父母親拿出一盤糖來請客人吃。小孩子在面前，父母要他學規矩，叫他不能放手拿來亂吃。小孩子受了父母管教，唾液往口裡嚥，只能眼睛看，這就會有了心病。他下次再看見這種糖，會特別感覺得好吃。也就是心理上受了一點壓制，因此犯了心病，病雖不嚴重，總就反應異常了。因此近代西方人教小孩子，主張放任，他要吃糖就給他吃，不讓他心理上受委屈。其實這種教育對不對，還值得再研究。那位奧國醫生就因覺得他的病人有些是因心理上曾為有大苦痛或大驚恐壓下去，心病重了，轉成生理上的病，因此發高熱或甚至狂了。若你能用什麼方法，使他把壓積在心，連他自己都不知道的經過再浮現，坦白講出來，他的病也會好了。

這種近代心理學上新發明的精神分析，有些說得十分有趣，但都不是隨便說的，都是千真萬確的由臨床實驗得來。由熱病到神經病到瘋狂病，有的變成精神分裂，變成二重人格，現在都可把來歸入這一類心理學的研究中。總之，上一節所講制約反應的學說，是說人心不由自主的。剛才所講的精神分析，是說人心不能自知的。人心不自知和不自主，是同樣可悲觀的。

近代歐洲人研究的心理學，正為是要無靈魂的，又為是要科學的，可說很少一部分能接觸到人的真實的心。上述的制約反應和精神分析，卻確實算是接觸到人的真實的心了。可是這樣的研究，對人類就未免太悲觀了。人心根本在不自主、不自覺的境界中。制約反應拿狗來作試驗，心理學家告訴我們人也如狗，自己對自己不能自主。精神分析把病人來作試驗，心理學家告訴我們人也如病如狂，自己的一切，自己意識不到。但是我們要問一句，若使世界上這五十多億人，都是自己對自己不能作主，自己不能了解自己，那麼人類豈不自己負不了自己的責任？這世界還得了嗎？不僅如此，再加上科學的新發展，物質上的種種引誘，試問這世界真如何得了呢？

我們若看了近代西方所研究的那一套心理學，再回頭來看我們中國傳統一向所看重的那一套所謂心性之學，從這兩方面的不同，便可看出中西雙方文化體系不同之主要中心之所在了。

## 三

中國古代孔、孟、莊、老，他們著書立說，無不對人類心性有一番深湛的透悟與了解。到後來，隋唐時代中國佛學三宗即天臺、華嚴、禪所講，以及宋明儒所講，把他們所講之涉及人心方面的，其實這些都是他們所講的最主要部分，把來和西方近代心理學相比，這裡實可發現甚大的不同來。

若說人類意識有顯潛之分，當知此兩種意識，實在是可分而不可分的。人心總該有一個完整的全體，不能老留著這些不自主不自知的部分在那裡。現在我們在這裡所做所說，只有一部分自己知道，而還有一部分連自己也不知道。我們此刻雖未發高燒或精神分裂入瘋人院，但我們有些時也就等於在白日做夢。白日做夢固不好，但自己內心常有兩對壘內在衝突，即如中國古人所謂的天人交戰，這也是心理上的一極大苦痛，這也不能算是一個健全完美的人格。我們每一個平常人的日常生活，正如家庭中一對夫婦，你有你的心，我有我的心，彼此有很多意見隔閡，縱使沒有吵出來鬧著要離婚，但是一個家庭這一對夫婦，總是不美滿，不理想。所以我們今天雖沒有進醫院，就精神分析學講來，問題還是一樣，只是輕重不同而已。

但我們得進一步問一下，夫婦之間能不能相親相愛，兩人如一體，快快活活過日子的呢？我們能不能把潛意識同顯意識融成一片，成一個美滿和洽的完整人格的呢？當知中國人傳統所講的心性之學，正是講的這一套，正是要把人人心上的潛意識融化了，不使人在心底下有沉澱，有渣滓，有障礙，有隔閡，有鬱抑。佛教也很多是在講這一套，這正是中國人的一套所謂心性修養的工夫。

即如所謂靜坐。所謂居敬工夫，所謂無念，所謂存天理去人欲，照現在人看來，似乎那些都是過時了，陳舊了，更沒有意思。但若我們真懂得近代西方心理學上的新發現，所謂精神分析與潛在意識那一套，你再回頭來看中國儒釋兩家所講那一切工夫，才知中國人的心性修養，其實是有現代西方心理學根據的。不過是較近代西方心理學所入更深，更細，更有價值。只因近代西方心理學上有此一番發現，而使中國傳統那一套心性修養，更易使人明白其真蘊實義所在了。至少靜坐有工夫，能使你從前潛藏在心底下的，自己跑出來重現在你靜中的意識上，你內心深處一切骯髒、齷齪、卑鄙、陰險都呈現了，讓你可看到你平日內心之真面目。你能看到就好了。日常潛在的東西都翻起來，翻起來就化了。

近代西方的精神分析，用在病院裡，是在醫治發高燒或瘋狂的人。中國人的心性修養，是用在人的日常生活中，好教一平常人，人格精神逐步上升進入聖賢的境界中去。就中國人所想像聖賢的心理狀態言，其實也沒有什麼其他了不得，只是他內心絲毫不潛藏有什麼髒東西，乾乾淨淨，潔潔白白，光明正大，培養到一個內外合一美滿完整的人格。所謂「所存者神，所過者化，純乎天理，更無絲毫人欲之私」，其實只指的這一種心理狀態。所謂天理，只要能浮現出來與人共見的便是天理。所謂人欲，只是潛藏心底，掩頭藏尾，偷偷摸摸，見不得人面的，便是人欲。若人能把心內一切人欲全都化了，那一人的心境是光明的，是快樂的。你心既然能自覺，也就能自主，心只是一個。晚明大儒黃梨洲先生說：「心無本體，工夫所至，即是本體。」近代西方心理學，卻是不加工夫，只來求心體，那顯然是不到家的。西方人有時常愛把心全放在一個地方去，如打球，便一心都放在打球上。如游泳，如跳舞，便一心都放在游泳跳舞上。這亦會使你當時感到快活，而潛藏在心底的東西還是依然在那裡。他們只有進教堂虔誠信耶穌，會在內心深處得更高滿足。但是他們不信是自己內在的心的工夫，只認是外在的神的力量，因此和中國道理終會要分道揚鑣了。

我們前面講過，西方現代心理學中的制約反應和精神分析兩項發現是指出人心的不自覺，不自主方面的。中國人講的心性修養，正是要教人能自覺、自主。在禪宗常提「主人公、常惺惺」

這些話。主人公就是講我們心上要有一個主。常惺惺就是要我們不要再有潛意識的不自覺部分來作怪。宋儒講個「敬」字，我們今天對這個字，或許會一看就討厭，其實敬也只是要主人公常惺惺，使此心常能自知、自主。這都是和現代西方心理學之新發現有不謀而合之處的。只是現代西方心理學忽略了自己做工夫的一套。他們所講宗教心理，也都是向外面看，拿客觀現象來研究，不肯自己把心投入作實驗。中國人的心性之學，則主要在把自己的心投進裡面去，他的日常人生，即是他的心理實驗。家、國、社會、天下，則是他的心理實驗室。中國心理學之主要目的，則在把自己的人格要提升超越到更高一個境界去。中國人的宗教信仰，便是「天人合一」。能到天人合一的境界，便是聖賢了。

## 四

我現在想提出一個名字來，說我們中國也有心理學，那套心理學可稱為「聖賢心理學」。既然可以有動物心理，嬰孩心理，青年心理，群眾心理，瘋狂心理，宗教心理等等，為何獨不能有聖賢心理學之存在呢？中國人的理想人格之最高表現便是聖賢，我們的心性修養，是把自己的心投進裡面去，使自己也可以接近聖賢而真成為聖賢。聖賢不是現成的，原有理想與工夫，這套工夫到家了，與理想融成一體，就是工夫和本體打成一片，行為和知識打成一片，自然與人生打成一片。講到這一步，不必再講道德，而最高道德已活現在我們心裡了。

中國人又從心講到性。人心之所同然者為性。中國人說「人同此心，心同此理」，這同處就是性。我的心，你的心，上下古今人的心，可以各不同。但在此各不同之中，研究出一個共通之點，即心之所同然的，就是人之性。這個性就是善，只有在這一個「善」上，此心和他心可以通。不僅今天彼我之間可以通，上下古今人心都可通。人若把自己的心修養到這個境界，那人就儼如是神了。人的精神可到神的境界，豈不神奇，其實也只是一個通。所謂神通廣大，神則能通。我們又說神而明之，神就能明。能明白得人心，便能明白得道理，並能明白得上下古今到處通。到了這個境界，豈不道德就在裡面了嗎？

中國人講道德，主要是從心性來，並不是聖賢在你外面，主張了一番理論，你的理論不能駁倒他，你便得照他做。這所謂可以服人之口，不能服人之心。西方哲學的缺點，正在只講一個理論，要服你的口，所以要講到玄之又玄。中國人不是要拿一套理論來叫你跟他走，是要我們各人從自己本性本心中開悟出此理來，所以說「由誠明，由明誠」，明誠合一，便是天人合一了。中國人所講的道德，既非一種理論，更非一種法律，只在你心之自知自主。這個學問要從各人本心做起，做到人人全如此做，人人全到同一境界，這就是所謂修身、齊家、治國、而天下平。這種學問，要從現前各個人當下做起。若使一個人做到這套學問，那人就是聖賢，那人就是完成了，卻並不就是犧牲了。中國人講道德，教人做聖賢，卻不是硬叫人做犧牲。只有完成了自己，纔能完成別人。試問今天這世界上下古今許多人，誰確是到了天國？誰確是見到了上帝？誰確是靈魂得救了？那須得你有此一番信仰。但中國人教人做聖賢，卻不專在信仰外面，更要在信仰你自己。只從一個人開始，走上了一條路，這條路人人認為通的，人人可以照他這條路走。聖賢先得我心之所同然，聖賢也只是一個自了漢，只是他了得自己，就可了得天下萬世，一切都那樣了。

近代西方易卜生的小說，說一條船海上翻了，你該先救你自己。但救得自己，不一定救得別人。中國人講道理，便要講成己成人。孔子在春秋時代，並沒有把春秋亂世挽回過來，孔子像並沒有救了當時的世界，然而孔子個人自己得救了。因於孔子得救，卻可以救後世各時代的人。孔子之得救在哪裡呢？所謂「飯疏食、飲水、曲肱而枕之，樂亦在其中矣。」又說「一簞食，一瓢飲，在陋巷，人不堪其憂，回也不改其樂。」這就是孔子已經得救，顏回也已得救。由他兩人之得救，同樣道理，可以救別人。但此別人也仍該由自己來得救。只這個孔顏自救之道，就可解救一切天下人，而仍要一切天下人各自照此道理去求解救。這並不是犧牲了我才能解救得天下，也不是要等天下人盡得解救了，我自己才得解救。中國人講道理，決不是個人主義作自了漢，但也不是叫人去作犧牲。並非定要拿個人毀滅了，去解救其他人。這是一條人生要走而該走的路，在此路上，各個人都可以有自由。所謂眾人皆醉我獨醒，天下亂我心不亂。這不是你的自由嗎？但這決不是只求自了，決不是自私自利，這是盡人都該一樣的。

所以中國人雖說講義不講利，其實利也就包含在義裡面了。所以說「知之者不如好之者，好之者不如樂之者」。你知道這個道理，不如喜歡這個道理。喜歡這個道理，不如能走上這個道理而自感到快樂。我知道人生大道該如此，這是理智的，這還算不得什麼。我們該要在心性情感上真喜歡這道理，而且還要能把我們自己的人生投進這道理裡面去，真實享受到這個道理的快樂與滿足，我們的人生問題就在此解決了。所以不論天下怎樣亂，社會怎樣黑暗，中國人的道德還是一條人生大道。而且是一份享受，一份快樂，一份滿足。中國聖賢所講，正是這個道理，我們該懂得。

## 五

也許有人說，我此所講其實仍只是講個人，不是講社會。可是我們縱使講天下，也得從個人講起。沒有個人，哪會有社會？我們一個家，父母、兄弟、姊妹、夫婦、兒女，論其關係，仍是以每一個人作中心。中國人講道德，不以個人抹殺了社會，但亦不以社會抹殺了個人。尤其講道德，更該從個人起。道德就表現在每個人的身上和心上。中國人心性之學之最高境界，仍是以個人為中心，而以天下為終極。這樣的道德，可把一「善」字來包括。世界一切最有價值的就是這善字，非此善，一切都沒有價值。善的反面就是惡。任何一個真理，任何一項發明，只要違逆人性便是惡，那就一無價值，只有反價值。

中國人主要講此一「善」字。西方人要分開「真、善、美」三項來講。但如真而不善，這個真要不得。倘使美而不善，這個美也要不得。對人生無價值，反而有害處。就人生論人生。就是這善字。所以說「與人為善」，「為善最樂」，「眾善奉行」。這是中國社會最普遍的一個教訓，而是顛撲不破的。我們來回想各人自己經驗，的確最快樂的事，莫過於為善。因此善仍是一種心性之學。為何覺得為善最樂呢？因人性是善的，我們的天性就是如此。我們的天性之善，為什麼會不自覺、不自主的呢？孟子講這是外在關係擾亂，喪失他的心之本然了。但是晚上回來睡一覺，一派清明之氣就來了，心之善端又會再萌，從此仍可下工夫。中國人所講一切道理，從此講起。因此孔孟所講的修、齊、治、平之學，主要還是建立在各個人的心性之上。

佛教跑進中國來，佛教講的心理學，似乎比孔孟更有高明處。但佛教是教人出世的，因此宋儒只截取了佛學講心的一部分，仍回頭來講孔孟。今天我們同西方人接觸，拿他們研究心理學的結果，可以回頭來說明中國心理學的另一個境界。中國心性之學，由我看，比任何民族都講得高明。中國人講這套學問，也有實驗室。第一是我們的身體，第二是我們的家庭，第三是我們的國與天下，即我們的社會。倘使我們心不安，不快活，精神不振作，也說不出什麼地方出了毛病，我們只規規矩矩，正襟危坐，停一會就覺好。晚上睡覺怎樣便睡得著，如何能不做不好的夢，中國人講這些的太多了。所以說，我們的身體，就是我們心理學的一個試驗室。這是初步實驗，也就是修身工夫。第二步是齊家。身體難對付，家更難對付了。父母妻子，一家人都能對付得好，朋友間哪有什麼不能對付的。修身、齊家，只在磨練你一心。中國人的忠、恕、孝、弟、道德、仁義，其實完全是一套心性之學，出於人生經驗，所謂「聖人先得我心之同然」。並非周公、孔子，故意講一套不近人情的，來欺騙我們，拘束我們，壓迫我們。強人如他意走，那如何得？因此我認為中國人講人生是科學的，但是人文科學更重於自然科學。科學正貴逐步試驗，一步對了，才能再進一步，不對就要收手，不像哲學儘管層層講下去。

即如馬克斯，他化著幾十年工夫研究經濟學，研究價值論，他說價值不僅從機器來，亦從勞力來。勞力的剩餘價值，被資本家剝奪了。這些理論是易於明白的。但從經濟學講成政治學，從政治學講成歷史哲學，再從歷史哲學講成命定論，講成惟物論，講到整個宇宙和形上學去了。儘向前跑，講得太遠了，雖像講成了一套，回頭拿到社會上來用，當然要出毛病。科學是不許人如此無限向前的，跑前一步就得經實驗經證明，證明了再往前，仍是一步，又得實驗證明纔得。那是何等謹慎，何等篤實。此即中國所謂「言顧行，行顧言」，思想兼顧著行為。如此一步步向前進，因此中國人常以「知」「行」並舉，又以「學」「思」並重。學著得思，思著得學。學即是作實驗，即是在實行。一步對了再思向前，如此不會出大毛病。腳踏實地，行遠自邇，這就是科學精神。你不能從一點上關著門一路講下去，講成一大篇，說真理在這裡了，你試拿這個真理放到實際人生上，結果會出大毛病。所以中國人儘講道德，也沒有講出一套道德哲學來。

## 六

有些人看了西方人的書，認為中國人沒有思想。又說中國人思想無系統。如讀《論語》，「子曰：學而時習之，不亦悅乎。有朋自遠方來，不亦樂乎。人不知而不慍，不亦君子乎。」就是這樣無頭無尾，說什麼組織，說什麼思想。但你不妨照他話試，你也學而時習之，看你心悅不悅？若真有友自遠方來，看你心樂不樂？人不知你，看自己內心自覺又怎樣。《論語》這一條，人的一生全在內了。一個年青人，開頭只能學第一句，「學而時習之」。第二句「有朋自遠方來」，還沒有資格學。年青人初學，哪裡有朋友慕名從遠方來呢？等你學問做到第一步，纔始有第二步。孔子在那裡講學，顏淵、子路、子貢、游夏之徒都來了，來自四方，孔子當然覺得不亦樂乎了。到了孔子年齡愈高，學問更進，所講的道理，連許多學生都不懂，顏淵也要說「雖欲從之，末由也已」，孔子也自嘆說「知我者其天乎」，那時纔有「人不知」的境界。孔子又說：「不患莫己知，求為可知」，那是為他弟子們說的。「人不知而不慍」，那是最高境界了。孔子一生也只是這三句話，那是孔子個人的全部人生。哪裡是什麼所謂哲學思想呀！

各位如讀蘇格拉底的書，他在講什麼，是正義，是直道？講了半天，一個學生出去，另外一個學生進來，蘇格拉底可以繼續講，只告訴那進來的，說我們現在講到什麼地方了，這個人就一樣可以代替前一個人，討論辯駁講下去。我們說，西方人思想是客觀的。可是我得說，中國人思想是親切的。有一天，有一位美國人同我談話，討論到所謂人文主義。他就問，你且說什麼叫做人？我說你這個問題我就不能回答了。他說你講的人的意義，我還不清楚，如何能聽你往下講人文主義呢？我說這是你們西方人的頭腦如此，在我們中國人想來，你就是人，我就是人，這就完了。不煩再解釋。如我們講治國、平天下，西方人卻要先講明白，什麼叫做國、什麼叫天下，這樣一來，毛病就出了。國先要有一個定義，於是說土地、人民、主權三者相合，纔始是國，但主權又是什麼呢？要為主權二字下定義，卻更難了。要講人是什麼，那更難。有人說人是社會的動物，有人說人是政治的動物，又有人說人是理性的動物，如是引伸，各人可講出一篇大道理。

中國人似乎只想說人就是人，你對面這個就是人，你再不懂，那麼你自己就是一個人。這樣一來，便會無話可講了。但中國人畢竟也講了許多話，你總不能說，孔、孟、莊、老所說，都是些廢話。那麼我們就該問，中國人說話，究竟是從何說起呀！中國人講話，只是從人的行為講起。中國人講行為，只是從心性之學講起，放開來是修身、齊家、治國、平天下。你試一步步從你本身、家庭去作實驗吧！我認為這是中國文化體系中心最主要所在。我講得究竟對不對，也請諸位再加批評吧！

# 第四篇　結　言

我這個課程，大體上就講到這裡為止。有幾位先生要我介紹幾本我自己的著作，說來慚愧，我著作沒有很多，怕也沒有多大的價值。我自己常有一個感覺，一意著書就會變成一書生了，書生寫書，不一定大家喜歡看。從前宋朝明朝人重要的只有語錄，不寫書，只是他隨便講話，旁人記下來，這才是真情實意。我在臺北曾有過幾次講演，都照口語記下來，或許諸位看了覺得更有意思些。有一本《中國思想通俗講話》。是就中國思想幾個重要問題有些說不明白的字眼，我試用一般社會上都能了解的通俗語言來講。如「性命」二字，我們現在已是變成一個通俗名詞了，如說「你性命都不要嗎？」其實中國極高深的學問就在這兩個字裡面，我試拿一般社會對於性命二字的看法來講。有幾位專門研究哲學的人看到這本書，承他們說這書很有趣味，諸位先生也可以看一看。另一本也是在臺北講的，講了七次，題目叫《中國歷史精神》。這本書是由錄音記下來的，我再稍稍修改一下，裡面沒有引經據典，我本想講中國歷史，中國文化。我試分政治，社會，軍事，教育，幾方面去講。又有一次講演，題目是《文化學大義》，是筆記略加修改的。這三本書，和我這次所講都有關係。譬如我講文化的三個階層，在《文化學大義》裡就講得特別多。心性之學，在《中國思想通俗講話》裡講得多一點。歷史方面，在《中國歷史精神》裡講得多一點。又有一本也是在臺北講的，題目叫《中國歷代政治得失》。也講了七天。當然諸位都很注意政治問題，這本書裡講的雖然是過去的政治，也可做一個參考。這也完全是由速記紀錄下來的。至於我自己寫的書，有一本《中國思想史》，這是在香港自己關著門寫的，全書只十二萬字，幸而字數不多，但比講話的神情是不同了。還有一本《國史大綱》，一本《中國文化史導論》，那都是對日抗戰時寫的。我想我自己的書，主要這幾本，比較和此次所講更有關係些。諸位倘有興趣，可以看。

我這次的十堂課，總算講完了。我上堂前沒有準備，不過隨心隨口講，大意是我久存於心的，可是講話究竟不同做文章，做文章可以一字一句斟酌，講話是興會所至就講，分寸上不一定能恰到好處。諸位有問題，最好還是用討論方式功用大一點。這幾天我一人在臺上講，像唱獨腳戲，不能多聽諸位意見，對我有糾正有指教，這是我很遺憾的。

## 中國歷代政治得失

錢穆　著

本書提要鉤玄，專就漢、唐、宋、明、清五代治法方面，有關政府組織、百官職權、考試監察、財經賦稅、兵役義務，種種大經大法，敘述其因革演變，指陳其利害得失，要言不煩，將歷史上許多專門知識，簡化為現代國民之普通常識，實為現代知識分子所必讀。

## 中國歷史精神

錢穆　著

中國的歷史源遠流長，其間治亂興替，波譎雲詭，常令治史的人望洋興嘆，無從下手，讀史的人望而卻步，把握不住重點。本書作者錢穆先生，以其淵博的史學涵養，敏銳的剖析能力，將這個難題解開了，使人得窺中國歷史文化的堂奧。

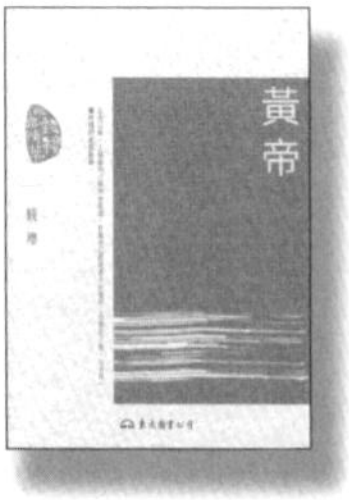


## 黃帝

錢穆　著

司馬遷《史記》敘述中國古代史，遠始黃帝，惟百家言黃帝，何者可定為真古史，司馬遷亦難判別。然古人言黃帝亦異於神話，蓋為各種傳說之總彙，本書即以此態度寫黃帝，以黃帝為始，彙集許多故事，接言堯、舜、禹、湯、文、武、周公，一脈相傳，透過古史傳說，勾勒其不凡的生命風貌。讀者不必據此為信史，然誠可以此推考中國古史真相，一探古代聖哲之精神。

# 論語新解

錢穆　著

自西漢獨尊儒術以來，《論語》便是中國歷代學者必讀之作，諸儒為之注釋不絕，習《論語》者亦必兼讀其注。然而，學者往往囿於門戶之見而刻意立異，眾說多歧，未歸一是，致使讀者如入大海，汗漫而不知所歸。

賓四先生因此為之新解。「新解」之新，乃方法、觀念、語言之新，非欲破棄舊注以為新。一則備采眾說，折衷於是，以廣開讀者之思路，見《論語》義理之無窮；二則兼顧文言頗析之平易，與白話語譯之通暢，以求擺脫俗套，收今古相濟之效。讀者藉由本書之助，庶幾能得《論語》之真義。

# 孔子傳

錢穆　著

儒學影響中華文化至深，討論孔子生平言論行事之著作，實繁有徒，說法龐雜，本書為錢穆先生以《論語》為中心底本、綜合司馬遷後以下各家考訂所得，也是深入剖析孔子生平、言論、行事後，重為孔子所作的傳記。

作者從孔子的先祖談起，及至孔子的早年、中年、晚年。詳列一生行跡，並針對古今雜說，從文化脈絡推論考辨，以務實的治學態度辨明真偽，力求貼近真實的孔子。

# 朱子學提綱

錢穆　著

本書為《朱子新學案》一書之首部。中國宋元明三代之理學，朱子為其重要一中心。儻論全部中國學術思想史，則孔子為上古一中心，朱子乃為近古一中心。《朱子新學案》乃就朱子學全部內容來發揮理學之意義與價值，但過屬專門，學者宜先讀《宋元學案》等書，乃可入門。此編則從全部中國學術思想之演變來闡述朱子學，範圍較廣，但易領略，故宜先讀此編，再讀《朱子新學案》全部，乃易有得。

國家圖書館出版品預行編目資料

民族與文化／錢穆著.——三版一刷.——臺北市：東大，2023
面；　公分.——（錢穆作品精萃）

ISBN 978-957-19-3305-4（平裝）
1. 中華民族 2. 中國文化 3. 文集

630.7　　111001057

# 民族與文化

作　　者｜錢　穆
發 行 人｜劉仲傑
出 版 者｜東大圖書股份有限公司
地　　址｜臺北市復興北路 386 號 ( 復北門市 )
　　　　　臺北市重慶南路一段 61 號 ( 重南門市 )
電　　話｜(02)25006600
網　　址｜三民網路書店 https://www.sanmin.com.tw

出版日期｜初版一刷 1989 年 12 月
　　　　　二版一刷 2016 年 11 月
　　　　　三版一刷 2023 年 1 月
書籍編號｜E540830
I S B N｜978-957-19-3305-4



東大圖書公司